电子竞技专业系列教材

U0725887

电子竞技产业概论

主　编：姜汉烽　吕　楠
副主编：杨　飞　张　硕　曹　靖

电子工业出版社
Publishing House of Electronics Industry
北京·BEIJING

内 容 简 介

本书是全国电子竞技专业系列教材之一，全书共六章，包括电子竞技游戏界定、电子竞技产业、电子竞技游戏、电子竞技赛事、电子竞技第三方产业、电子竞技发展趋势。

本书第一章包括电子竞技游戏的历史渊源、电子竞技游戏的范围界定、正确认识电子竞技游戏。第二章包括电子竞技产业生态、电子竞技产业链、电子竞技产业规模。第三章包括电子竞技游戏类型简述、电子竞技游戏研发商与研发过程、电子竞技游戏运营商与运营过程。第四章包括电子竞技赛事概述、电子竞技赛事的运营过程、电子竞技赛事的参与方——俱乐部、知名电子竞技赛事。第五章包括电子竞技网络直播、游戏影视 IP、电子竞技明星、俱乐部的电子竞技周边产品和网店。第六章包括电子竞技专业化、电子竞技娱乐化、电子竞技移动化、电子竞技全民化、电子竞技行业规范化。

本书图文并茂，不仅有详细的知识讲解，而且补充了各类相关资料以供阅读。本书既可作为职业院校电子竞技相关专业的教材，也可作为电子竞技游戏爱好者的阅读用书。

图书在版编目（CIP）数据

电子竞技产业概论 / 姜汉烽，吕楠主编. —北京：电子工业出版社，2020.6

ISBN 978-7-121-39096-8

Ⅰ．①电… Ⅱ．①姜… ②吕… Ⅲ．①电子游戏－运动竞赛－体育产业－高等学校－教材 Ⅳ．①G898.3

中国版本图书馆 CIP 数据核字（2020）第 099484 号

责任编辑：胡辛征　　　　　　　特约编辑：田学清
印　　刷：北京捷迅佳彩印刷有限公司
装　　订：北京捷迅佳彩印刷有限公司
出版发行：电子工业出版社
　　　　　北京市海淀区万寿路 173 信箱　　　　邮编：100036
开　　本：787×1092　　1/16　　印张：13.25　　字数：339 千字
版　　次：2020 年 6 月第 1 版
印　　次：2025 年 1 月第 7 次印刷
定　　价：47.80 元

电子竞技专业系列教材编委会

主　编：

姜汉烽

中国新闻文化促进会数字互娱与电子竞技工作委员会副主任委员

中华文化动漫研发传播中心总顾问

重庆三拍信息技术有限公司 CEO

吕　楠

中国新闻文化促进会数字互娱与电子竞技工作委员会副秘书长

重庆三拍信息技术有限公司联合创始人

副主编：

杨　飞

中华文化动漫研发传播中心主任

重庆工程学院数字艺术学院副院长

张　硕

北京电视台培训中心校长

北京电视台北视英特维公司副总经理

曹　靖

重庆三拍信息技术有限公司教研组长

参　编：

王　冰　洛阳科技职业学院

文　涛　重庆艺术工程职业学院

王曦川　重庆市工艺美术学校

张志成　上海润节投资管理有限公司

杜　聪　重庆三拍信息技术有限公司

前　言

进入 21 世纪后，电子竞技快速发展成一个世界性的文化现象，它吸引着大量的观赏者与参与者，尤其是青少年群体。在多种因素的作用下，电子竞技风靡全球，产生了极为广泛而深刻的经济和社会影响。当下电子竞技产业飞速发展，电子竞技产业链逐渐完善，同时还带动了相关产业的发展，引起社会各界的高度关注。目前，市面上与电子竞技产业相关的教材比较稀少。虽然网络报道、学术论文、相关机构的文章不在少数，但这些信息、知识尚未构建出电子竞技产业的理论系统、展现电子竞技产业的全貌。

本书共六章，每一章对电子竞技本身或电子竞技产业进行了讲解，以帮助读者理解电子竞技及电子竞技产业的相关内容。

第一章主要讲解游戏、电子游戏、电子竞技游戏的演变过程，以及游戏是如何一步一步发展为一项运动的，同时还讨论了电子竞技游戏与网络游戏、体育运动的联系与区别，以及如何看待电子竞技游戏。

第二章主要讲解电子竞技产业生态、电子竞技产业链及电子竞技产业规模。通过本章的学习可以了解电子竞技产业的概况，从而对电子竞技产业有一个清晰的认识。

第三章主要讲解不同类型的电子竞技游戏，主要从电子竞技游戏的玩法、意义、发展、趋势四个方面来阐述，同时还简单讲解了游戏研发与游戏运营的内容。

第四章主要讲解以电子竞技赛事为核心的电子竞技产业，包括电子竞技赛事的概况、电子竞技赛事的运营过程、电子竞技赛事的参与方、知名的电子竞技赛事。

第五章主要讲解由电子竞技产业发展而来的第三方产业，如电子竞技网络直播、游戏影视 IP、电子竞技明星及俱乐部的电子竞技周边产品和网店等，这些相关产业与电子竞技产业相辅相成。

第六章主要讲解当下电子竞技的发展趋势，即电子竞技目前正在向专业化、娱乐化、移动化、全民化、行业规范化几个方向发展，以及各发展过程对电子竞技产生的影响和可能会出现的问题。

本书既可作为职业院校电子竞技相关专业的教材，也可供电子竞技爱好者阅读。本书是了解电子竞技产业的基础，可以为后续电子竞技理论与实践、电子竞技传媒和电子竞技产品设计等相关课程的学习打下理论基础，使学生对自身在电子竞技行业中的发展有一个基本定位，为后续课程的学习和将来的工作打下理论基础。

在本书的编写过程中，由于编者水平有限以及电子竞技产业相关资料的匮乏，书中内容难免有疏漏和不足之处，还望广大读者批评指正。同时，本书引用了许多学者和专家的观点与资料，如果读者对其内容感兴趣，还望去阅读原作。

编　者

2020 年 4 月

目　　录

第一章 电子竞技游戏界定

【学习意义】

本章主要讲解了游戏、电子游戏、电子竞技游戏及它们的演变过程；游戏是如何一步一步发展为一项运动的；以及电子竞技游戏与网络游戏、体育运动的渊源与区别等。通过学习，帮助大家正确了解电子竞技游戏并树立正确的电子竞技价值观。

【关键词】

游戏　网络游戏　电子竞技游戏　电子竞技价值观

【学习目标】

1. 了解游戏、电子游戏、电子竞技游戏的概念及关系。
2. 了解电子竞技游戏的形成和演变过程。
3. 了解电子竞技游戏的产生和背景分析。
4. 了解电子竞技游戏和网络游戏的区别。
5. 分清电子竞技游戏与体育的关系。
6. 了解电子竞技游戏的发展，树立正确的电子竞技价值观。

第一节　电子竞技游戏的历史渊源

一、游戏的历史渊源

在信息技术飞速发展的今天，电子游戏已经成为一种常见的休闲娱乐方式。总的来说，在中国的环境下，人们对游戏的态度是抑制多于提倡的，中国人追崇学业和事业，认为玩游戏会荒废学业和事业、阻碍人生理想的实现。事实上，游戏是人类社会发展过程中非常重要的一部分，有人的地方就会有游戏行为，玩游戏既是人的天性，也是人认识自己、认识世界的一种不可或缺的高效途径。在不同的时代、不同的地区，游戏的形式也不相同。

早期人类的游戏行为从原始时期就已经开始。那时，人们追逐、奔跑、围捕小动物，而这些游戏的初衷是为了增强生存能力，即人类在游戏中学习模仿以便更好地适应环境。后来，随着生产力的提高和技术的革新，原先许多用以狩猎或农耕的生存工具逐渐失去其原有的功能而成为游戏道具。例如，在弓箭和长矛出现后，木棍在击杀猎物方面的使用价值必然会大打折扣，外出狩猎的大人们会选择携带弓箭或者长矛而将木棍留在家中，这时被小孩抓在手中挥舞的木棍事实上已经成为一种游戏工具。如果一群小孩都手持木棍跑来跑去，那么极有可能发展成一场木棍打闹，而木棍混战游戏的开始，就意味着这场游戏从单人游戏转向了多人游戏、从个体行为转向了群体行为。

秦汉时期，新的思想不断涌现，社会体制、价值观念、文化意识等也经历了诸多方面的转变，人们对游戏的需求呈现多元化的特征。除了像斗鸡、走狗等保留着原始农业或者原始狩猎元素的游戏方式，还有像得益于数学、艺术、军事的蓬勃发展而出现的围棋等棋弈游戏形式。当然，对中国人而言，有一项游戏不得不提，那就是蹴鞠，这种原始的球类游戏其实在西周时期已经出现，到了春秋战国时期已经相当常见了。

魏晋南北朝时期，以封建君主为首，大贵族、大地主形成的统治阶级，在物质生活上极尽奢靡，对娱乐活动的需求也日益增加。譬如斗鸡、走狗、围棋、蹴鞠等已经拥有一定社会土壤的游戏活动逐渐受到上层士族的青睐。在南北朝的北周武帝时期，古老的棋类游戏——象棋也初具雏形，当时人们称之为"象戏"，并且还有专门介绍该游戏的著作——《象经》。

唐宋时期，我国游戏的发展进入了一个兼容并蓄、大众化的状态。游戏的全面发展离不开社会生产力的提高和良好的社会环境。唐代文化繁荣、思想开放，这为娱乐游戏的发展提供了非常好的氛围；宋代货物亨通，商品经济快速发展，老百姓在物质生活提升的同时，对通俗的、大众化的娱乐游戏的需求也愈发明显。因此在唐宋时期，中国游戏呈现出全面繁荣的景象。一方面，传承下来的一些古老的游戏形式在形态或玩法上有了大的改进，如蹴鞠到唐代的时候已经开始用皮革缝制，并在其中加入重物，让其更加结实，踢起来更加稳定；另一方面，由于整个社会开放的意识形态，许多外来的游戏形式渐渐涌入，它们有些来自边疆、有些甚至来自国外。在这种世俗化和大众化的游戏文化氛围中，统治者和老百姓都热衷于游戏，游戏也间接或直接地促进了不同阶级之间的交流。此时，游戏领域开始出现一些分工和专业组织，有人专门研究怎么下棋，也有人研究怎么踢球；"棋社""蹴鞠社"等专业组织也在城市中相继建立起来。这种游戏文化的高度发展也带来了许多有关游戏的专业书籍，如有关围棋的《棋诀》《围棋十诀》《围棋义例》及有关象棋的《事林广记》《棋经论》等。

明清时期，是我国封建社会走向衰落的时期，也是封建思想最浓厚的时期，整个社会呈现出一种封闭的、保守的形态，此时的游戏也相应地呈现出内容充足、创新不足的特点。诸如斗鸡、斗蟋蟀、放风筝等传统游戏依旧保持着原有的规则与玩法，没有什么大的改变，也没有什么创新。一些颇具竞技精神的游戏项目，如围棋、象棋，在明清时期达到巅峰，大批棋艺精湛的高手涌现，"国手""棋圣"这样的名号成为许多棋手终身所追求的目标。

民国时期，麻将大受欢迎。麻将的娱乐性非常强，并且可用于赌博，因此不论是官场、知识界，还是老百姓家中，打麻将已然成了人们日常生活中非常重要的一部分。当时的文坛大家梁启超先生就特别喜爱打麻将，他有一句名言：只有读书可以忘记打牌（麻将），只有打牌（麻将）可以忘记读书。

中华人民共和国成立后，我国游戏的发展以改革开放为界限分为两个时期。改革开放前，我国的游戏大体上继承了民国时期的内容和形式，并且依旧是被排挤在主流文化之外的。改革开放后，随着经济的发展和物质生活的改善，人们对娱乐游戏、休闲游戏展现出了更多的接纳和理解，对游戏的排斥和抵触情绪渐渐消除。游戏带给"80后""90后"甚至是"00 后"的记忆是完全不一样的，这些记忆或者是抽陀螺、跳皮绳、滚铁圈、丢沙包，或者是超级马里奥、魂斗罗、街头霸王、魔兽世界、DOTA，又或者是切水果、王者荣耀、球球大作战等。可以看到，游戏的器具在不断丰富，游戏的形式从实体游戏转向电子游戏，游戏的组织形式也从群体走向个人。

现在，越来越多的高新技术注入游戏之中，个人的游戏世界通过互联网交织构建成一个庞大的虚拟世界，游戏的环境发生了根本性的变化。纵观我国游戏发展的历史，我们不难得出这样的规律：游戏的类型从体力型向智力型转变，游戏的器具从简单变得复杂，游戏所包含的内容和元素变得越来越多。原始的游戏在更多意义上其实是一种本能，是一种人类自发的、无意识的行为，跟小动物的玩耍并没有本质上的区别。如今的游戏是人们主动参与的，以直接获得快感（包括生理和心理上的愉悦）为主要目的的行为。人们赋予游戏价值与意义并设立规则，在其中尽情地释放自己。伴随着信息技术的发展，电子游戏带着它与生俱来的活力宣告着它的到来。

二、电子游戏

电子游戏是游戏的一种，是科技时代信息技术与硬件设施相结合的产物，是以电子设备为媒介，以电子、数字、网络等技术为手段的一种新兴的文艺娱乐方式。在艺术文化的角度上，电子游戏被称为"第九艺术"，因在传统的观念中，它不属于绘画、建筑、雕刻、文学、音乐、舞蹈、戏剧、电影这八大艺术的任何一门。事实上，游戏虽不从属于这八大艺术但又与它们息息相关。例如，在电子游戏中，游戏人物的形象、游戏的场地背景涉及绘画艺术；游戏建筑物、3D 人物形象的构建涉及建筑与雕刻艺术；庞大细致的故事背景和错杂纷扰的人物关系涉及文学；为切合游戏内容而创作的主题曲涉及音乐；游戏人物的庆祝动作、舞蹈行为多来源于现实的舞蹈艺术；有些游戏剧情取材于戏剧艺术；精彩劲爆的宣传 CG 又涉及电影艺术。电子游戏最具突破性的就是它打破了艺术创造者对观赏者的束缚，不再是以往艺术类型中创造者创造出成品给观赏者观赏的方式。电子游戏将这种单向的传播变成一种交互双向的方式，这种重新解读艺术的方式也是电子游戏成为"第九艺术"的重要原因之一。

显然，电子游戏并非横空出现的，它与电脑、网络软硬件等高新技术的发展密不可分。

创造一款电子游戏，需要文化创意与艺术设计相互结合。凡是经典的电子游戏作品，都是在这两个方面下了很大功夫的。如此，人们在玩游戏时才能感受到美术、文学、音乐、动画、电影等元素带来的享受与美感。随着 AR、VR、CR 等高新技术的广泛应用，电子游戏不仅是在玩法上有更多的提升与创新，而且更能将现实世界与虚拟世界紧密地联系起来。由于游戏规则的共同性和规范性，电子游戏已经成为一种国际语言，有着不言而喻的影响力。正如斯皮尔伯格执导的电影《头号玩家》中所启示的，未来的电子游戏是很可能构建起一个完整的社会框架的。

通常来说，电子游戏依赖硬件设施和应用软件两个部分。根据电子游戏运行的设备平台的不同，电子游戏被划分为电脑游戏、电视游戏、街机游戏、掌机游戏、手机游戏等。这些电子游戏都各自经历过数次变革与技术升级，并且每次都会诞生出个性鲜明的游戏产品。虽然有些只是一些简单的作品，但仍可一窥电子游戏（不包含移动端电子游戏）的发展历程。

下面介绍三种类型的电子游戏。

1. 街机时代的电子游戏

街机是最早专门设计出来玩游戏用的、体积硕大的、需要有专门场所来安放的大型游戏机。它起源于美国的酒吧，后来逐渐演化成一种在电子游戏厅、商业营业厅、网吧等公共营业场所常见的游戏设备。街机游戏能够风靡起来与它较好的氛围感和临场性是分不开的。

1971 年，Nolan Bushnell 设计了世界上第一款只包含一个游戏项目的街机（游戏项目是经改编的《空间大战》）。1976 年，第一款商业化街机游戏《乓》已经在市面上取得了不错的成绩，这款游戏最主要的影响是提供了一个让四个人同时参加的平台，实现了人与人的对抗运行模式。

街机游戏从其发展历程上大致可以分为四个阶段。

（1）20 世纪 70 年代，是街机游戏的初创期。这个阶段主要是实现将游戏从概念转向实体的过程，诞生了一些奠基性的街机产品。

（2）20 世纪 80 年代，街机游戏进入全面发展的时期。一些街机游戏进行了大胆又颇具创造性的尝试，如有以设计关卡著称的游戏《吃豆人 1980》、需要两人相互配合协作的

《坦克大战1980》。

（3）20世纪90年代，街机游戏进入了辉煌期。许多经典的街机游戏作品都诞生于这个时期，这主要归功于双人格斗类游戏的兴起。例如，日本游戏软件公司CAPCOM推出的《街头霸王2》、SNK公司在推出的一款冷兵器游戏《侍魂》、SNK公司在1994年继续推出《拳皇》。这些游戏都是当时街机游戏中的佼佼者，后来也都有自己的系列作品不断推出。除了格斗类，这个阶段射击类、赛车类的街机游戏也非常流行，而随着20世纪末大型模拟游戏机的出现，这两类游戏也变得更加智能和逼真。

（4）进入21世纪后，虽然在画面清晰度、操作感、立体感都随着新技术的加入不断提升，但PC游戏与移动端游戏的出现还是挤占了街机游戏太多的生存空间，使得街机游戏处于一种下滑的态势。

2. 家用电子游戏机时代的电子游戏

20世纪80年代，一些日本游戏机厂商开始尝试研发家用电子游戏机。20世纪80年代末90年代初，游戏机厂商任天堂研发出的第一款8位游戏机上市。这款游戏机就是后来人们常说的红白机，它上面有很多经典游戏，如《功夫》《街头霸王》等。只是由于技术条件限制，家用电子游戏机上的电子游戏能够最终成为电子竞技游戏项目的非常少。

红白机是早期的经典家用电子游戏机。红白机的成功让游戏厂商在看到了家用电子游戏机丰厚利润的同时，也给家用电子游戏机市场注入了新的活力。在此以后，世嘉公司与索尼公司分别推出了全球第一款16位游戏机和鼎鼎大名的PlayStation（PS）家用电视游戏机。其中PS作为经典一直更新换代至今，畅销全球。

索尼公司所推出的PS家用电视游戏机的成功，极大地刺激了电脑游戏业的崛起，众多电脑软件商、电脑企业和游戏厂商纷纷进入电脑游戏领域，并推出了多款已成为今天电子竞技比赛经典项目的游戏。美国得克萨斯州的软件公司Id Software，于1993年10月8日推出了基于DOS系统下具有里程碑意义的作品《毁灭者》（《DOOM》），彻底改变了电脑游戏产业；由该公司开发的《Wolf 3D》成为第一人称射击（FPS）类游戏的开山之作，是当今炙手可热的射击项目游戏的始祖，曾经风靡的第一人称射击类游戏《反恐精英》（CS）和《穿越火线》（CF）正是由《毁灭者》演变而来的。另外一款具有里程碑意义的电脑游戏《沙丘魔堡》（《Dune》）于1993年由美国视频开发公司Westwood Studios推出，是世界上第一款即时战略（RTS）类游戏。这对当今有名的星际争霸比赛项目和魔兽争霸比赛项目具有深远的影响，在电子竞技游戏发展史上有着不可磨灭的地位。

游戏演化图如图 1-1 所示。

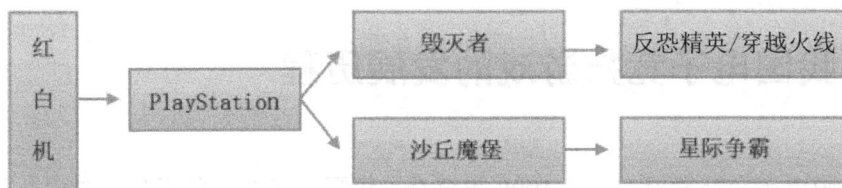

图 1-1

3．PC 端电子游戏

电脑无疑是人类 20 世纪伟大的发明创造之一，其强大的能力和给人类社会带来的改变已无须赘述。电脑技术的发展给电脑游戏带来了更广阔的舞台。最早的电子竞技游戏可以追溯到 1962 年，麻省理工学院的 7 名学生在 DEC 公司 PDP-1 小型机上制作了世界上第一个电子游戏程序——《空间大战》（《Space War》）。这款游戏的玩法是两名玩家各控制一艘太空船，相互发射火箭，一名玩家用火箭击中对方即可获胜。不难看出，这款古老的电子游戏就在追求对抗，已经有了相互竞争的意识。

电子游戏走进普通人的日常娱乐生活，要归功于个人电脑（PC）的发展。PC 上有显卡、主板、内存、键盘、鼠标等硬件，同时出现了适合于大众使用的各种操作系统，这些都是游戏软件在 PC 上顺利运行的基础。一些大型的游戏公司相继推出《魔兽争霸》《极品飞车》等游戏，这些电脑游戏逐渐走进千家万户，成为 PC 非常重要的功能之一。高要求的电脑游戏促进了 PC 硬件的发展，而硬件的发展又让电脑游戏进行了更多的尝试，两者互相促进，使得电脑游戏对整个电子游戏产生举足轻重的影响。

随着电脑软硬件技术和互联网的飞速发展，电脑游戏呈现突飞猛进的发展，游戏不断涌现。例如，Westwood Studios 在推出的即时战略游戏《命令与征服》中，第一次完美地实现了基于局域网的多人同场竞技。这一具有局域网联机功能作品的问世，让众多游戏厂商眼前一亮。随后，各种即时战略游戏如雨后春笋般出现。当时最能与《命令与征服》抗争的即时战略游戏是美国动视暴雪公司开发的《魔兽争霸》。几乎与此同时，Id Software 发行了《毁灭战士 2》，这个堪称经典而又饱受争议的游戏是第一款完美支持局域网多人对战的第一人称射击游戏，它确立了 FPS 多人对战时的基本规则，而这个基本规则直到今天还在被 FPS 竞技所采用。后来，另一个世界有名的游戏厂商美国艺电（EA）开始推出的国际足联（FIFA）系列游戏，成为电脑游戏中非常有名的种类。

三、我国电子竞技游戏的发展历程

纵观我国电子竞技发展史，从 1998 年至今，我国电子竞技的发展可谓是一波三折，既经历了爆发式的增长，也有令人唏嘘的衰落。如今，电子竞技随着时代的发展、思想上的愈发包容、科技的进步正一步步走向繁荣。相对于其他国家而言，我国的电子竞技起步较晚，其发展历程基本上可归纳为以下四个阶段。

1. 探索阶段

1998 年到 2003 年为我国电子竞技的探索阶段。这个阶段是我国电子竞技从无到有的开始阶段。1998 年，美国动视美国动视暴雪公司发行首款即时战略游戏《星际争霸》；1999 年，Valve 发行首款射击游戏《反恐精英》。这两款游戏让全球掀起了首波电子电子竞技游戏热潮，中国也不例外。同时，我国互联网快速发展的春风吹遍大地，网吧如雨后春笋一般涌现，首家电子竞技对战平台——浩方对战平台于 2000 年开始运营。我国电子竞技诞生于这个阶段，它与网吧的迅速兴起和《反恐精英》与《星际争霸》的火热密不可分。1998 年也是我国网吧行业发展兴盛的一年，当时许多家庭还没有经济能力去购买 PC，而网吧数量的大幅增加又使得上网价格迅速降低，于是大量的年轻群体开始尝试这种相对廉价的休闲娱乐方式。值得一提的是，这些经典有趣的电脑游戏的出现甚至让网吧的职能发生了转变——让网吧从电子阅览室变成了游戏娱乐场所。

这个时期，我国互联网飞速发展，网吧行业爆发式增长，使用互联网的人数逐渐增加，从而让多人网上游戏对战成为可能。同时，《魔兽争霸》和《反恐精英》等游戏带来的观赏性和对抗性是前所未有的，人们对这种畅快的游戏体验难以忘怀。此外，《反恐精英》所独有的基于局域网的多人对抗游戏模式广受人们喜爱，冒着"枪林弹雨"与三五好友相约去网吧打几把游戏成了那个时代特有的印记。玩家数量的快速增长和玩家们如火的热情也催生了电子竞技俱乐部的早期模型——基于网吧平台开展的业余比赛，但这些比赛尚没有统一的规则，是网吧为了吸引顾客而自发赞助的。

2. 起始阶段

我国电子竞技经过五年的探索和发展，正式开始进入起始阶段。为了让电子竞技向着正确的方向发展，2003 年，电子竞技被设为我国第 99 个体育项目。同年，中央电视台体育频道创办了以电子竞技为主要节目内容的《电子竞技世界》栏目、各省台卫视也纷纷创办自己的电子竞技节目，受到广大电子竞技爱好者的火热追捧。诸多国际性的赛事，如ESWC、CPL、WCG 等国际大赛纷纷进入中国，互联网对战平台也开始兴起。我国早期的职业电子竞技俱乐部在这一时期出现，但其运营模式仍然停留在网吧赞助阶段——网吧为选手提供食宿和训练场地，选手在网吧训练并为网吧招揽生意。虽然当时训练条件和生活环境恶劣，但可以不花钱就能在网吧打游戏，并且还能挣钱，这在当时是非常有吸引力的。我国的第一代电子竞技职业选手就在这样艰苦的条件下产生了。

但好景不长，2004 年，原国家广电总局颁布《关于禁止播出电脑网络游戏类节目的通知》，电子竞技首次受到相关部门的限制。这项针对电子游戏类电视节目的封杀令，又称"娱乐禁令"。所有与电子游戏和网络游戏相关的电视节目都被取消，与电子竞技相关的宣传工作受到严重影响，行业投资明显放缓，这使得我国刚刚发展起来的电子竞技产业遭受了前所未有的打击，其发展也随之陷入历史性低谷。

我国电子竞技本就是在社会的质疑声中成长的，相关的电视节目又被封杀，如此沉重的打击使得电子竞技奄奄一息。虽然电子竞技这条道路布满荆棘，但还是有热爱和敢于探索的人前赴后继地走上这条道路。2005 年，李晓峰在新加坡获得世界电子竞技大赛（WCG）魔兽争霸项目世界冠军，成为我国首个取得该电子竞技项目世界冠军的选手。当他经过激烈的比赛身披五星红旗站在 WCG 最高领奖台时，眼前山呼海啸的人群和天空飘落的花瓣让李晓峰潸然落泪。当然，流泪的不止他一个人，许多电子竞技玩家、爱好者们都忍不住流泪，因为彼时国内的电子竞技正一片萧条，他们太需要这样的成绩来驱散阴霾了。这次夺冠是一个重要的突破，是电子竞技文化开始沉淀的开端，也是电子竞技证明自己的时刻。2006 年，李晓峰在意大利卫冕 WCG 冠军，再次用他所获得的荣誉告慰国内电子竞技玩家。在这个阶段，我国电子竞技的整体形象开始改变，许多民间电子竞技赛事开始举办，但电子竞技还是没有得到官方的支持。在这种情况下，电子竞技玩家们的热情并未衰退，甚至开始认真思考和尝试探索属于中国电子竞技的发展之路。

3. 沉淀阶段

2008 年到 2016 年为我国职业电子竞技的沉淀阶段。2008 年，国家体育总局将电子竞技改批为第 78 个正式体育竞赛项目。随着互联网的发展和国内外电子竞技取得的一系列成就，相关部门也逐渐放松了对电子竞技的监管，电子竞技产业走向新生。同年，美国爆发的金融危机影响全球经济，许多电脑硬件厂商销量降低，各种广告、赞助商纷纷减少对电子竞技行业的投资甚至是撤资。厂商的离开直接导致电子竞技行业资金匮乏，许多电竞赛事相继停办，众多俱乐部入不敷出宣布解散。风靡一时的《反恐精英》和《魔兽争霸》在这个时期开始衰退，渐渐走向其游戏生命的终点。我国互联网和电脑技术飞速发展，而游戏产品却未能跟上网络前进的步伐，在这样的情形下，老的玩家流失、新的玩家没有被吸引进来，整个电子竞技行业处于一种下滑的状态。

直到 2011 年，全球经济转暖，资本重新注入电子竞技行业，同时我国商业圈和娱乐圈也开始进入电子竞技行业。一时间，诸多电子竞技俱乐部拥有了强大的投资方，电子竞技从业人员的薪水也水涨船高，这使得电子竞技行业有能力去获得更好的资源。与此同时，有一款由美国 Riot Games 开发、腾讯游戏运营的名为《英雄联盟》（简称 LOL）的类 DOTA 的现象级产品出现，它依托腾讯强大的平台优势，相比《魔兽争霸 3》中的 DOTA 地图，其更简单的操作、更人性化的游戏系统使得更多的人参与到该游戏中来。《英雄联盟》给不少老牌游戏开发商带来了灵感，他们随后将曾经红极一时的《反恐精英》及《魔兽争霸 3》的 DOTA 地图改进成《反恐精英：全球攻势》（《CS:GO》）和《刀塔 2》（《DOTA2》）。《英雄联盟》不断更新，维护游戏的平衡，在保留游戏用户上做得不错。随后《英雄联盟》《DOTA2》《CS:GO》这三个项目成为当时最为火热的 PC 端的电子竞技项目，也被职业电子竞技纳入其正式比赛项目，成为世界电子竞技大赛的官方比赛项目。随着游戏用户的增多，观看比赛的需求也就体现出来了，我国逐渐出现了一些正规的、实力强劲的电子竞技战队，他们或多或少地参加国内外的各项大型赛事，并且取得了相当不错的成绩。2013 年，国家体育总局宣布正式设立中国电子竞技国家队，并着手成立国家体育总局信息中心电子竞技部，在我国广泛开展电子竞技职业赛事。

4. 爆发阶段

2016 年至今为我国职业电子竞技的爆发阶段。这个阶段，PC 端电子竞技稳步发展，不少电子竞技游戏都建成了完备的赛事体系，同时移动电子竞技的加入让电子竞技的发展更加迅速。相关的电子产品、电子竞技平台、大型赛事、媒体广告业及电子竞技商业公司迅速发展，逐步形成一条系统化的产业链，更加全面、系统地推动电子竞技在我国的发展。

当下电子竞技行业已经进入了高速发展的阶段，更具娱乐性和观赏性的产品不断出现，各种资本对电子竞技行业链进行布局，电子竞技产品也相继建成自己的赛事体系，电子竞技用户的快速增长也令人惊叹。电子竞技这样的发展速度使得整个社会都不得不正视它的能量。于是，国家有关部委先后出台了一系列发展电子竞技和专业电子竞技的政策措施：教育部宣布设立"电子竞技与管理"专业；原文化部提出鼓励发展电子竞技产业，重点支持部分电子竞技场馆的建设；国家发展改革委提出要鼓励电子竞技的发展，举办全国或国际电子竞技文娱活动。国家调整政策鼓励电子竞技专业化发展，使电子竞技发展进入新的发展阶段。

第二节　电子竞技游戏的范围界定

一、概念

电子游戏是依托信息技术的发展，伴随着游戏载体和游戏表达方式转变的一种游戏形式。电子竞技游戏是电子游戏的一种，是在电子游戏中添加了"竞技"的元素而产生的。简而言之，电子竞技游戏就是一种随着信息技术发展而诞生的竞技类游戏。实际上，关于电子竞技游戏的定义在学术界还尚存争议，对于游戏业内人士而言，电子竞技游戏并非什么稀奇的东西，但对普通大众尤其是与电子游戏接触较少的人来说，电子竞技游戏似乎还有一层神秘的面纱。甚至不少人认为，电子竞技游戏与常规的电子游戏、网络游戏没什么区别，只是换了个称呼而已。下文会从定义、特征、分类角度对电子竞技游戏进行阐述，帮助大家理解电子竞技游戏到底是什么。

二、定义

电子竞技游戏，也可称为电子竞技运动，简称电子竞技或电竞。目前比较权威的定义是国家体育总局给出的，即电子竞技运动是以信息技术为核心，以各种软件和硬件设备为媒介，在信息技术营造的虚拟环境中，按照统一的竞赛规则，为提高成绩而进行的体育游戏活动。电子竞技运动可以锻炼和提高参与者的思维能力、反应能力、协调能力、意志力和团队精神，以及对现代信息技术社会的适应能力。

电子竞技是在新的信息技术条件下产生的体育运动，这项运动包含两项基本要素：电子、竞技。"电子"是电子竞技的手段与方式，规定了电子竞技这项体育运动需要的开展条件和实施要求，即需要借助信息技术为核心的各种软硬件和它所营造出来的虚拟环境。这种手段与方式在传统体育项目中是器材和场地，好比篮球比赛需要篮球和篮球场地、足球比赛需要足球和足球场地、赛车比赛需要汽车和赛道、围棋比赛需要棋盘等一样。"竞技"是运用技巧和战术的竞争、对抗，是竞赛、比赛，具有现代体育最基本的特征。由此可见，电子竞技是人们利用电脑（包含软件和硬件设备），通过网络（局域网）营造出的虚拟环境，按照统一的竞赛规则进行的竞赛类的体育活动。

从定义上不难看出，电子竞技既与传统体育运动有所区别（主要体现在依赖的运动设备、手段和操纵身体肌肉群落的不同），也不同于一般的网络游戏。

三、特征

了解了电子竞技游戏的概念与定义，下面就需要了解电子竞技游戏的特征。特征是使一种事物区别于其他事物的显著特点，也是人们认识这种事物的独特稳定的标记。下面是电子竞技的几个特征。

1. 文化性

大多数电子竞技游戏的背景文本都采用故事叙事的表达方式，这些故事大都是以历史事件、神话传说、科技幻想、民间传说、当下现实等为题材来创作的。电子竞技游戏通过一个个精彩的故事构建出一个庞大的虚拟文化世界，让参与者获得直观的游戏文化体验。

譬如《英雄联盟》的故事，主要是将其游戏世界划分成几个区域，而这些区域都属于一个叫符文大陆且充满魔法的世界，在这个世界中，不同区域的人都有着各自不同的历史故事，他们互相进攻、合作，交织着错综复杂的关系。

当然，电子竞技游戏的文化性不只是体现在游戏产品本身的故事上，其所传达的竞争合作、团结进取、和谐共进、探索奋进的游戏精神也是非常重要的。电子竞技游戏正成为当下年轻人新的"沟通方式"，促进了不同人之间的交流沟通。此外，电子竞技游戏需要不断通过个人努力、团结合作来获取胜利，这种价值观对个人的人格塑造有一定的帮助。

2. 虚拟性

虚拟性是指在客观世界中不一定存在的、人们根据自己的想象产生的事物或想法。电子竞技游戏是电子游戏的一种，电子游戏通常会构建一个虚拟社会或虚拟世界，电子竞技游戏自然也不例外。这种虚拟性可以是通过电脑将现实投射到网络中，也可以是营造出来的虚拟社会环境。好比传统体育中的篮球、足球运动，它们在现实生活中是真实存在的，电子竞技游戏《NBA 2K》《FIFA 足球》就是将这些真实存在的运动搬运到计算机上。一些在现实生活中不存在的事物也可以添加到游戏中，如《魔兽争霸》中的"兽人族""传送门"等依赖想象出现的事物。

从技术层面来讲，电子竞技游戏中的世界以现实社会为原型，通过电脑等电子设备，添加了许多充满想象力、在现实生活不存在或超越现实的元素，甚至一些电子竞技游戏可以展现人类过去发生的事件和未来未知的世界。这些蕴含在电子竞技游戏中虚拟且丰富的游戏元素大大提升了电子竞技游戏的趣味性和可玩性，让身在游戏中的玩家感受到了不一样的娱乐体验。

这种虚拟性不仅体现在客观的游戏世界，处于竞技状态中的游戏主体也有许多虚拟化的特征。例如，在真实的篮球运动中完成一次投篮动作需要由下蹲、起跳、投射篮球等几个部分组成，会涉及身体上诸多肌肉和关节，而在电子竞技游戏中人物的一次投篮动作并不需要玩家运用如此多的肌肉和关节，只是通过操作键盘、鼠标等电子设备及一个虚拟的人物身份就可完成。电子竞技游戏便是这样通过一个虚拟的意象来实现主体的想法的，跳跃、奔跑、使用魔法、使用金币购买装备等都是通过虚拟人物进行的，除了这个人物形象是真实地印在玩家的脑海中的，别的大都是虚拟和模糊的。

3. 大众性

电子竞技游戏还有个显著的特征就是大众性。这种大众性主要体现在两点：一是对电子竞技游戏参与者的身体素质要求不高，二是参与电子竞技游戏基本不受场地、天气、环境的影响。电子竞技游戏的品种非常多，游戏类型和游戏形式丰富，大多对所需的软件和硬件要求不高，是非常适合推广的大众流行的娱乐方式。具体来讲，第一点，传统体育中的篮球、足球、游泳等运动项目需要一定的身体强壮度和耐力，这也就限制了中老年人、小孩子及身体素质不好的人参与，而在电子竞技游戏中，性别、年纪、身高、肌肉强度等都不是明显的影响因素，智力对抗才是电子竞技游戏最主要的活动方式；第二点，电子竞技是一项室内运动，所需的器材不过是电脑及相关的电子设备，因此阴天、下雨或者炎炎夏日都不会阻碍参与者进行电子竞技运动。此外，层出不穷的游戏类别、愈发精致的游戏情节和画面、相对偏低的游戏费用，使得电子竞技游戏在普通人群，尤其是青少年群体中大受欢迎。

4. 竞技性

竞技性是电子竞技游戏的基本特征之一，是电子竞技游戏区分于其他类型游戏的最重要标志，也是电子竞技游戏能够划归于体育运动的原因。电子游戏出现之初是为了娱乐，而随着对抗、竞争的提升，电子游戏就演变成了比赛，胜负也就变成最重要的衡量标准。随之诞生了区别于普通玩家的职业玩家，他们以电子竞技游戏为工作，通过大量的训练来努力提升自己的游戏竞技水平和竞技战术。他们也被称为电子竞技职业选手或电子竞技运动员。电子竞技比赛有严格的竞赛规则，对比赛时间、比赛地点、比赛内容、胜负判定、参与人员等都有明确的规定。电子竞技比赛会在公平、公开、公正的环境下举办。

四、分类

在对电子竞技游戏进行分类之前，需要了解哪些电子游戏能够成为电子竞技游戏/移动电子竞技游戏，如图 1-2 所示。

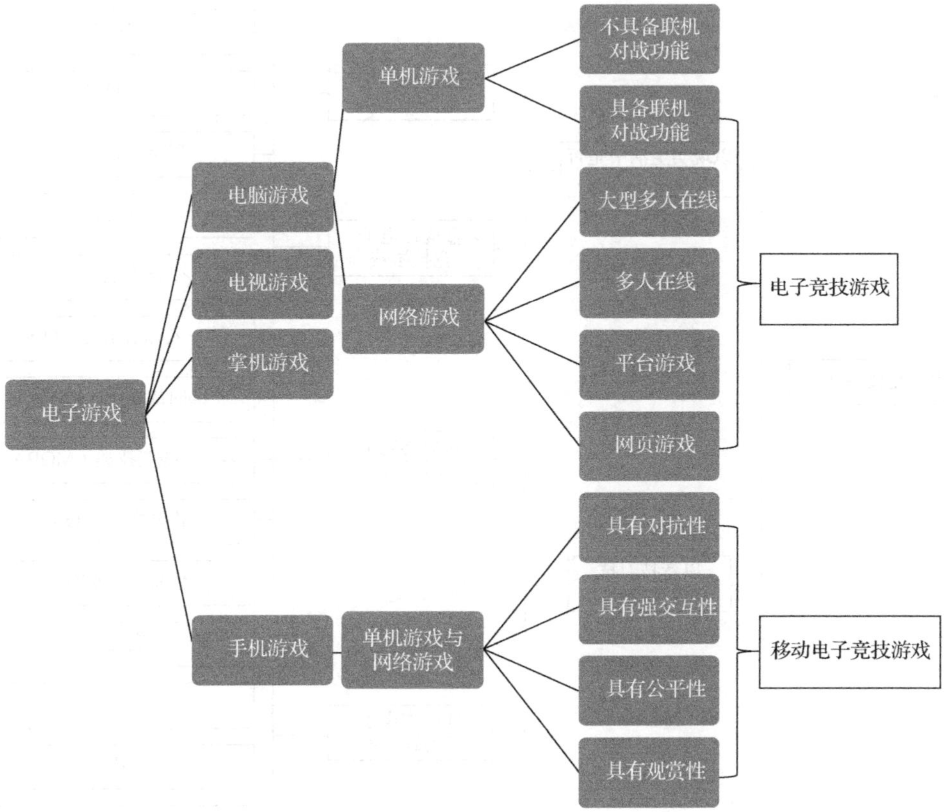

图 1-2

目前，电子竞技游戏主要有两种分类方式，一种是根据现实生活中是否存在原型，另一种是根据竞技对抗程度。具体如图 1-3 所示。

1. 虚拟化电子竞技游戏和虚构化电子竞技游戏

虚拟化电子竞技游戏和虚构化电子竞技游戏的区别在于某游戏能否在现实世界中找到其游戏原型。例如，《实况足球》《网络围棋》等，它们在现实生活中是真实存在的，此类电子竞技游戏是借助数字信息技术、网络技术将现实中的游戏方式虚拟化呈现在电子设备上的。虚拟化的电子竞技游戏可以细分为技能类、智能类和智能技能结合类三种。

不能找到游戏原型、在现实生活中并不是真实存在的、完全是通过数字信息技术虚构而成的电子竞技游戏则称为虚构化电子竞技游戏，如《反恐精英》《英雄联盟》《星际争霸》等。虚构化电子竞技游戏可以细分为技能类和技能智能结合类两种。

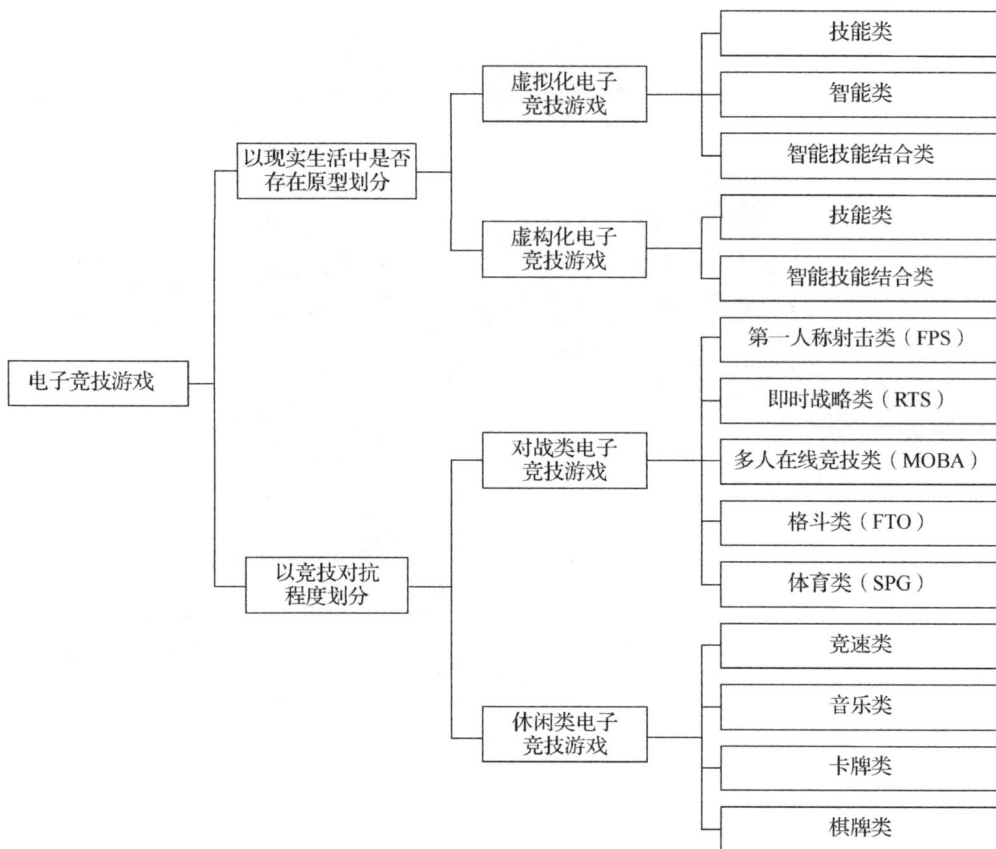

```
                                              ┌─────────────────┬─── 技能类
                           ┌─── 虚拟化电子     │
           ┌─── 以现实生活中是否  │    竞技游戏   ─┼─────────────────┬─── 智能类
           │    存在原型划分   ─┤                 │
           │                  │               └─────────────────┬─── 智能技能结合类
           │                  │
           │                  └─── 虚构化电子   ┌─────────────────┬─── 技能类
           │                       竞技游戏   ─┤
           │                                  └─────────────────┬─── 智能技能结合类
电子竞技游戏 ─┤
           │                                  ┌─── 第一人称射击类（FPS）
           │                                  │
           │                                  ├─── 即时战略类（RTS）
           │                  ┌─── 对战类电子   │
           │                  │    竞技游戏   ─┼─── 多人在线竞技类（MOBA）
           │                  │               │
           │                  │               ├─── 格斗类（FTO）
           │                  │               │
           └─── 以竞技对抗    ─┤               └─── 体育类（SPG）
                程度划分       │
                              │               ┌─── 竞速类
                              │               │
                              └─── 休闲类电子   ├─── 音乐类
                                   竞技游戏   ─┤
                                              ├─── 卡牌类
                                              │
                                              └─── 棋牌类
```

图 1-3

2. 对战类电子竞技游戏和休闲类电子竞技游戏

对战类电子竞技游戏和休闲类电子竞技游戏是根据竞技对抗程度来划分的。其中对战类电子竞技游戏可以分为：第一人称射击类（FPS），如《反恐精英》《德军总部》《使命召唤》《DOOM》等；即时战略类（RTS），如《沙丘魔堡 2》《魔兽争霸 3》《红色警戒》《星际争霸》等；多人在线竞技类（MOBA），如《英雄联盟》《DOTA2》《风暴英雄》等；格斗类（FTG），如《拳皇》《街头霸王》等；体育类（SPG），如《实况足球》《NBA 2K》等。

休闲类电子竞技游戏相比其他类别的电子竞技游戏显得较为轻松，也就是说休闲类电子竞技游戏的竞技性不是那么激烈，具体可分为：竞速类，如《天天酷跑》；音乐类，如《节奏大师》；卡牌类，如《三国杀》《炉石传说》；棋牌类，是将民间娱乐项目或传统体育项目的数字化和游戏化，较偏向于卡牌智力上的对抗，如《QQ 斗地主》《象棋》

《围棋》。

关于电子竞技游戏类别在第三章有更详细的介绍，这里就不再赘述。

第三节　正确认识电子竞技游戏

一、电子竞技游戏与网络游戏

网络游戏，又称在线游戏，简称网游，是指以互联网为媒介，借助于游戏运营服务器和用户电脑等处理终端，实现多人同时在线的电子游戏。网络游戏是网络文化产业的重要组成部分，也是遭受非议非常多的文化产业之一。网络游戏有广义和狭义之分。广义上，网络游戏与单机游戏相对应，理论上凡是使用网络的游戏都可以叫网络游戏，竞技类网络游戏也属于网络游戏。狭义上，也是本节所涉及的用来与电子竞技游戏相比较的网络游戏，是指社区类的网络游戏，它是以群体社区生活（包括生活、生产、战争、交易、交往等）为主题的网络游戏。狭义上的网络游戏会构建一个虚拟的、拥有全新规则的世界，让玩家操控的人物生活在其中。玩家通过游戏系统感受所扮演人物角色的成长获得快乐，这也就是角色扮演类游戏（RPG）的特点。

有关人士提出：电子竞技游戏是从网络游戏中脱颖而出的阳光游戏，它是按体育精神、体育规则在网络世界里进行的一项体育运动。虽然电子竞技游戏与网络游戏都是电子游戏的产物，也都是随着网络信息技术的应用才发展起来的，但它们有着不同的游戏特点和不同的发展轨迹，具体如表 1-1 所示。

表 1-1

对 比 项 目	电子竞技游戏/移动电子竞技游戏	网 络 游 戏
代表作品	《DOTA》《星际争霸》《英雄联盟》《魔兽争霸（PC）》《全民枪战》《王者荣耀》《自由之战》《虚荣（移动）》	《魔兽世界》《梦幻西游》《征途》《劲舞团》《地下城与勇士（PC）》
性质	体育部门认证的体育比赛项目	文化部门主管的娱乐项目
类别	智力类、体育类、射击类、战术竞技类等	角色扮演类

对 比 项 目	电子竞技游戏/移动电子竞技游戏	网 络 游 戏
参与目的	竞技、对抗	消遣、娱乐
对参与者的要求	需要一定量的训练，要求操作、意识、战术、团队配合	操作简单、不需要训练
对网络的要求	局域网/互联网	互联网
游戏公平性（平衡性）	较为公平，靠操作与意识提升游戏实力	可以通过消费打破平衡，提升游戏实力
评价结果	通过时间、规则、裁判来判定游戏结果	无法判定游戏结果

1. 本质不同

网络游戏的本质是角色扮演和追求娱乐感受，并不需要玩家耗费大量的精力去磨砺操作和思考如何赢得比赛，其游戏方式则是依靠时间提升等级或是通过消费提升装备，基本上没有游戏的技巧和对抗。

电子竞技游戏在本质上更接近传统的体育项目，有着竞技与对抗的特点，只是这种竞技与对抗是通过信息技术在电子设备中进行的。同时它有着可定量、可重复、可精确比较的体育竞赛特征，且具备统一的比赛规则，胜负判定公正、平衡。玩家想要提升电子竞技游戏的实力，需要通过相当程度的训练来提升与电子设备的互动度（包括操作速度、游戏反应、配合等）和游戏意识、素质等，这些与传统体育比赛中的技巧、战术如出一辙。

2. 遵循规则不同

网络游戏没有什么强力的规则需要去遵守，玩家需要做的就是根据游戏设计师所设定的情节或关卡进行，而这些内容甚至可以简化成按照"打打怪、升升级、买买装备"的模式来完成，至于剩下的内容则大多数由游戏中的交友、聊天、闲逛、战斗等模拟生活的消遣娱乐活动填充。网络游戏本质上是没有胜负之分的，或者说它就是一种通过无限投入时间获得浸入式角色体验快感的游戏方式，它并不强调竞技与对抗，舒服的消遣娱乐方式对网络游戏而言才是最重要的，也是最吸引游戏玩家的。

电子竞技游戏有着明确的竞赛规则。玩家最引以为傲的就是在严格遵守竞赛规则的前提下，通过自己高超的游戏技巧和游戏战术战胜对手。电子竞技游戏在每场比赛结束后一定会产生胜负结果，且游戏结果公平、公正，是经得起考量的。

3. 参与方式不同

网络游戏出于运营操作和需要营造出游戏社区效果，所以基本上所有的网络游戏都是通过互联网进行的。玩家需要互联网服务器和在客户端进行游戏登录，玩家没有网络就无法登录，也就无法进行后面的操作。此外，网络游戏相对形式单一，无法带来丰富的感官享受。

电子竞技游戏有线上和线下两种参与方式，玩家可以通过线上进行竞赛或对抗，也可以通过线下的电子竞技场馆以直播的形式进行。需要注意的是，线下比赛对互联网或局域网并没有严格的要求。电子竞技比赛高强度对抗和选手间精妙的操作常常引得观众阵阵高呼，观众能欣赏电子竞技游戏独有的表演艺术、感受电子竞技比赛的魅力。

4. 盈利模式不同

从盈利模式来看，网络游戏一般是通过购买游戏点卡获取游戏时间或者是购买游戏付费道具来进行游戏的。网络游戏中的付费道具往往制约着游戏的平衡性，谁花钱多谁就厉害是网络游戏的共识。

而电子竞技游戏一般只需要玩家通过一次性付费购买游戏使用权，便可以依托局域网、互联网平台与其他玩家进行游戏。游戏中购买的道具不影响游戏的平衡性（小部分电子竞技游戏道具会有毫微的影响，但不影响游戏平衡）。像《DOTA2》和《英雄联盟》等是免费的，游戏中售卖各种不影响游戏平衡的道具获得收益，并且这个思路给诸多游戏厂商带来了新的盈利模式。

二、电子竞技游戏与体育的关系

从游戏发展到电子游戏，再到电子竞技游戏，在这个过程中逐渐形成了规范的竞赛规则。电子竞技游戏基本都有着可定量、可重复、精确比较的体育特征。作为一项新兴的运动项目，电子竞技游戏的潜力是非常大的，同时它也在不断发展、不断创新。值得一提的是，相比于传统体育，在文化价值方面，电子竞技游戏是非常有可能超越体育的。文化是一个广义的内涵,现代汉语词典对它的解释是:"人类在社会历史发展过程中所形成的物质财富与精神财富的总和,特指精神财富。"电子竞技游戏中针对不同游戏有相对应的文化背景,一个人物也并非一成不变的,他会随着游戏的发展丰富自己的故事,逐渐被塑造成一个丰满的形象。《魔兽世界》就是一个很明显的例子,除了游戏本身,由它所衍生出来的小说、电影、音乐、海报都在扩大《魔兽世界》的影响力。

(一)电子竞技游戏与体育的关系界定

一项体育运动能否有效地开展起来要具备三个基本条件:第一,人与人的对抗;第二,专业的运动器械与场地;第三,较为完整的比赛规则。在电子竞技游戏中,专业的运动器械和场地变成电子设备和信息技术营造出的网络环境,人与人的对抗、较完整的比赛规则都是显而易见的。体育的本质特征是加入规则的对抗,这种特征也是电子竞技游戏所拥有的,玩家在激烈的对抗中完成挑战并获得成就感。电子竞技运动员与传统体育的运动员一样,公平统一的游戏规则要求他们投入大量的时间进行训练以提高自己的游戏技巧及参赛水平。

关于将电子竞技游戏划分进体育,人们对于其所需的身体对抗尚存争议,这也是矛盾焦点所在。电子竞技游戏需要参赛者有不错的思维能力、身体协调能力、反应力、意志力、团队协作能力等,这是体育运动员所需要的素质。但在身体操控方面,电子竞技运动员只需要通过手和胳膊的小幅运动即可完成比赛,无须整个身体参与,运动量较小。传统体育运动则需要非常多的部位参与运动,运动幅度较大,运动的激烈程度更深。

在增强身体素质方面,电子竞技游戏不仅不会带来好处,长时间的坐姿、电子设备的辐射、过多的游戏时间反而会对健康造成损害。电子竞技游戏最初被设计出来就是用以满足人们的娱乐需求而非提高身体素质。在后来的发展过程中,为了增加其可玩性与观赏性,人们加入了更多的规则和秩序,使得电子竞技游戏区别于网络游戏。而传统体育对于人们增强体质这方面的作用已无须赘述,大量的事实和经验验证了传统体育能通过激烈的运动不断提高人们的身体素质。

从发展起源上来看,电子竞技游戏与体育都是游戏发展到一定程度的产物,两者都通过练习和锻炼来增加人自身的能力与素质。阿伦·古特曼在其著作《从仪式到纪录:现代体育的本质》中提出了当代体育的概念模型,具体如图 1-4 所示。他将竞争性游戏分为两类,一类是智力竞争,一类是身体竞争,两者相互对立。在分析电子竞技游戏与体育的关系时，不单单要从身体竞争的角度来思考，而是要将智力与身体因素皆纳入其中。电子竞技游戏在更多层面上是一项智力竞争，更考验玩家的思维能力和反应力。玩家通过操作鼠标和键盘的行为动作将大脑中的指令投影在游戏中，让游戏人物来完成自己想要展示的动作。在这个过程中，操作键盘和鼠标只起辅助作用，智力占主导地位。在这种体育模型下，电子竞技游戏更接近智力竞争而非身体运动。

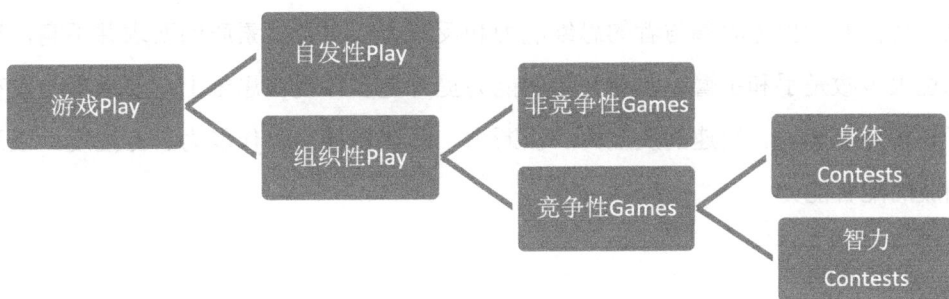

图 1-4

在我国，围棋、象棋这类智力运动被划分为休闲体育，而电子竞技游戏与棋类运动很像——围棋、象棋通过摆棋子来实行大脑中的指令，摆棋子这个动作只起辅助作用。据此，我国将电子竞技游戏划分到休闲体育的范畴，不过这种划分可能是阶段性的。众所周知，电子竞技游戏还有一个特点是传统体育所没有的，就是它是数字信息技术的产物，而随着信息技术的提升，一些模拟现实的体感类电子设备的出现，可以帮助玩家用整个身体的运动来取代手操控键盘和鼠标。由于需要通过身体运动来操纵游戏，如果参与者体力有限，游戏的时间就会相应缩短，也就避免了沉迷游戏现象的发生，从而使电子竞技游戏变成一种正向的、给人体带来健康的游戏方式。这种体感游戏的方式非常契合人们对体育运动的认知，如此，电子竞技游戏便可以名正言顺地被列入体育运动项目了。

（二）电子竞技游戏与传统体育运动的区别

现阶段，电子竞技游戏与传统体育运动的区别主要体现在以下三点。

1. 载体不同

电子竞技游戏是信息技术与体育竞技运动的产物，它以信息技术为基础，以软硬件设施为竞技运动的"器材"与"场地"，即运动器材是鼠标、键盘等硬件设施，运动场地是游戏软件和各种网络环境（包括互联网、局域网等）。这种不同于传统体育运动的运动载体直接导致电子竞技游戏的开展所受的时间和空间限制较少。随着信息技术的发展，电子竞技游戏比传统体育会有着更多的变化。

2. 参与者运用的身体部位不同

电子竞技游戏更考验参与者的思维能力和反应力，对身体素质的要求并不高，运用的身体部位大多数是手和手臂，对参与者的能力提升更多体现在思维上，要求参与者有熟练的电子设备操纵能力、快速的反应力、决断力、团队精神、协作能力、专注度，以及心、眼、四肢的配合能力。

3. 功能不同

传统体育运动是直接作用于人的身体、间接作用于人的精神世界的，人在进行传统体育运动时会明显感受到肌肉活力被唤醒。电子竞技游戏是直接作用于人的思维的，可以更加有效地锻炼和提升人的智力水平，同时还可能带来不同的文化、价值观等。

三、电子竞技游戏的价值

（一）电子竞技游戏的运动价值

电子竞技游戏作为一项被国家体育总局认可的体育运动，其参与者需要不断提升自己的反应力、协调性及对电子设备操作的精准度。此外，电子竞技游戏对心、眼、四肢协调能力的锻炼也正好体现了体育运动对身体灵活性和敏捷度的追求。"经常参加电子竞技运动，可以提高大脑皮质的兴奋性，神经过程的灵活性增加，有利于形成巩固的条件反射；可以改善大脑皮质神经过程的均衡性，使兴奋和抑制相对平衡；可使大脑供血和供氧量充足，血液循环加快，从而使人头脑清醒、精力旺盛。"

任何一个电子竞技项目都具有即时性和对抗性两个特征，这两点对参与者的观察力、应变力、专注力、瞬时记忆力等智力要素都有很好的开发作用。而电子竞技游戏参与者想要将游戏玩得更好，需要"观察—思考—总结—实践—再观察"这个重复循环的过程。倘若电子竞技游戏参与者能够将这种自主性、探索性学习的方式应用在日常生活、学习、工作中去，对其自身而言是大有裨益的。

世界电子竞技游戏资深人士——CPL 创办者 Angel Munoz，在接受采访时说，电子竞技游戏可以帮助选手"克服恐惧，有效地与敌人战斗；有战略地思考，解决任务赋予的谜题；增加参与者的 IQ，加强神经反射能力，提升空间和距离感"。另外一名在美国电子竞技游戏领域拥有六个以上世界冠军头衔的人 John Hill 认为瞄准与反应在枪击游戏中同样需要如同国际象棋里一般的智慧。John Hill 的父亲说："电脑游戏使他知道如何在一个领域内成为最出色的，并让他知道如何开发头脑的潜能。他可以在同一时间内处理 10～20 项任务，但我们是没有办法做到的。"

（二）电子竞技游戏的规范价值

电子竞技游戏对参与者的规范价值主要体现在以下两个方面。

1. 遵守规则

参与电子竞技游戏就意味着需要在遵守既定规则的前提下去竞争。譬如，赛制已经颇为成熟的英雄联盟职业联赛（LoL Pro League，LPL）会在赛季开始之初颁布比赛规则给参赛选手学习。具体比赛规则如"不可在比赛暂停时，摘下耳机""不可在比赛暂停时，用队内语音沟通战术"等。这些规则可以帮助参与者养成遵守规则的道德观念，也给参与者提供了一个实践的机会和平台。

2. 公平竞争

体育比赛都会遵循公平、公正、公开的原则，形成一定的准则性制约和限制性约定。电子竞技游戏的参赛者也一样，在既定的规则、要求内，可以合理地运用自己的策略。电子竞技游戏与传统体育在判定方面有着明显的不同，它的裁判数量很少，基本都是人工智能完成的，裁判的职责是监督和仲裁。因此，电子竞技游戏的比赛判定就减少了许多人为的因素，参赛者可以在一个更加公平、公正的环境中去争取比赛的胜利，也让每个参赛者有着平等的地位和相同的获胜机会。

（三）电子竞技游戏的文化价值

"一款电子竞技产品的研发，无论是何类题材、何种项目，软件开发商必须在电子竞技产品中添加与其相关的文化背景。文化背景的植入为电子竞技游戏增加了魅力和吸引力。竞技类运动深厚的文化底蕴会伴随参与者的游戏行为逐渐内化为文化符号，使电竞玩家参与体育游戏成为一条对传统体育运动的娱乐性消费途径。"

以射击类游戏《刺客信条：大革命》为例来讲，它的游戏背景是 18 世纪法国大革命时期的巴黎。游戏制作公司以真实的历史为基础，还原了 18 世纪巴黎的历史风貌和建筑风格，并且还邀请了著名的历史学家提供指导，让玩家能够在游戏中真切、直观地感受 18 世纪法国巴黎的人文环境与当时的生活。这样一种可以学习历史和文化风俗的方式是前所未有的。除了历史故事，许多电子竞技游戏还会构建出一个新的世界，一个不存在的、依靠丰富想象力而出现的世界。如《星际争霸》虚构出一个外星世界，《魔兽世界》构建出一个兽人世界，而这些游戏的世界又包含着一个又一个精彩的游戏文化故事。

再以美国职业篮球系列《NBA 2K》为例来讲，其出色的地方在于逼真的操作感和球星的仿真外貌。此外，在《NBA 2K》中，每名球员都有属于自己的招牌技术动作。在这类游戏中，玩家通过电子竞技游戏可以对体育运动的文化有所了解，如球员的招式、比赛的规则、对运动的基础理解等。也就是说，电子竞技游戏给体育运动带来了与众不同的文化价值。

（四）电子竞技游戏的经济价值

电子竞技游戏是 PC 软硬件、移动智能电子设备和网络快速发展的产物。随着电子竞技游戏的逐渐普及、电子竞技赛事的不断完善，以及电子竞技产业商业模式的成熟，整个电子竞技产业的规模将会持续扩大。无论游戏玩家的基数，还是游戏产品的不断迭代，电子竞技游戏市场一直都有相当高的增长率，并且已经成为许多国家的新兴经济支柱。譬如韩国，韩国曾受全球金融风暴影响，经济状态低迷，许多人赋闲在家，这反而带动了电子竞技游戏的发展；韩国政府果断推出政策，帮助韩国游戏厂商、赛事方和电子竞技媒体迅速成长，使得电子竞技游戏成为韩国的第三大支柱产业。

从电子竞技产业链的上游来看，游戏研发商、运营商绝对占整个产业的大头，电子竞技的游戏内消费、版权等都会带来巨大的经济收益。从电子竞技游戏市场的中游——电子竞技赛事来看，飙涨的赛事奖金金额和愈发完备的赛事体系都展示着电子竞技游戏爱好者对电子竞技赛事的巨大需求。仅一款战术竞技类游戏《DOTA2》在 2018 年的赛事总奖金就达到了 4193 万美元，而全球电子竞技比赛的整体奖金规模更是达到了惊人的 1.52 亿美元。图 1-5 是韩国媒体统计出的 2018 年初的前几名电子竞技赛事奖金的游戏名称和奖金金额。

1	도타2 DOTA 2	$ 4139,5452
2	CS:GO CS:GO	$ 2262,0367
3	포트나이트 堡垒之夜	$ 2007,4787
4	리그 오브 레전드 LOL	$ 1444,8877
5	배틀그라운드 PUBG	$ 705,4681
6	오버워치 守望先锋	$ 658,7291
7	히어로즈 오브 더 스톰	$ 527,7279

图 1-5

从电子竞技产业链的下游视频直播来看，电子竞技游戏视频和电子竞技游戏内容直播也得以迅速发展。以《英雄联盟》为例，2018 年英雄联盟职业联赛（LPL）的日均独立观赛用户约为 2500 万人，2018 年全球总决赛最高同时在线用户为 4400 万人，2018 年全球总决赛冠军争夺战独立用户人数超过 9960 万人。庞大的电子竞技游戏用户基础使电子竞技游戏视频产业和直播产业爆发出强烈的经济效应。

电子竞技游戏大多是结构复杂的、多人持续在线的、依赖网络的游戏，对电子设备有一定要求，即电脑的软件和硬件设施要求要高一些。就游戏体验而言，没有一个游戏玩家愿意在卡顿、操作感延迟的游戏环境中玩游戏，因此电子竞技游戏也直接、有效地推动了电子竞技游戏设备厂商的发展。游戏厂商为了迎合市场的需求，加大了对游戏硬件设备领域的资金投入，研发出定位更加准确的游戏专用产品，如专门用于玩游戏的游戏 CPU、游戏显卡、游戏主板、游戏机械键盘、游戏鼠标等。同时，电子竞技游戏的普及也带动了游戏产品周边制造商的发展，如电子竞技战队服饰、电子竞技主题音乐、电子竞技人物造型玩偶等，而这些不同形式的电子竞技周边产品也给传统制造商带来了新的发展机会。

（五）电子竞技游戏的社会价值

现代社会高速发展，每个人都需要具备一定的信息技术相关知识，而电子竞技游戏由于其"电子性"在促进信息技术普及方面有着明显的作用。目前，电子竞技游戏多以 PC 或移动智能手机为载体，而这些都需要参与者对 PC 或者移动智能手机的相关知识有所了解，并且具备一定的操作电子设备的能力；参与者想要提升自己的游戏水平也会通过互联网获得最快、最新的消息，这些都有助于普及信息技术相关知识。

近些年来，随着社会对电子竞技游戏的认可度逐步提升，电子竞技游戏慢慢摆脱束缚，飞速发展。国际奥委会给予电子竞技游戏更多的关注。越来越多的资本投入电子竞技产业，投资者包括大型企业、传统体育俱乐部、体育及娱乐明星、独立个人，这不仅为电子竞技产业带来了丰富的资源和资金，也让电子竞技游戏与大众化的内容产生了交融，进一步推动了电子竞技游戏的大众化进程。特别是大众品牌在营销层面的联动推广，使电子竞技游戏更多地出现在大众视野中，并帮助电子竞技游戏更好地传播。

在电子竞技游戏中，玩家通过扮演不同的角色，如探险家、科学家、政治家、刺客、战士、狙击手等来完成角色所赋予的使命与任务，玩家在虚拟的环境中不断地遇到问题、思考决策、分析结果，想方设法地解决问题并获得胜利。这种强参与性、强交互性的游戏方式对游戏参与者的诸多能力都有所训练与提升。且电子竞技游戏强调人与人的对抗，这意味着参与者需要与别的玩家组队，通过默契的配合、高效的执行力、互相尊重与宽容来完成共同的任务。长期的合作、群体战斗的过程有助于训练玩家形成包容、协作、合群、尊重、理解等良好的品质。

四、树立正确的电子竞技价值观

价值观是基于人的一定的认知、理解、判断或抉择的，也就是人认定事物、辨定是非的一种思维或取向。通常来说，价值观具有一定的稳定性和持久性，一旦形成就不会轻易改变。价值观对人们自身行为的定向和调节起着非常重要的作用。价值观决定了人的自我认识，直接影响和决定一个人的理想、信念、生活目标和追求方向的性质。什么样的价值观就会形成什么样的价值取向，因此要想引导人们形成正确的价值取向，就需要从事物的价值开始，通过培养客观、理性的价值观念，最终形成某种价值取向。同样，对于电子竞技这种新事物，需要切实地了解它的价值，客观全面地思考，以形成关于它的正确的价值观念和价值取向。

关于电子竞技价值观本部分主要总结成三点：游戏是天生的学习工具；电子竞技是公平的智力心理上的博弈；电子竞技的文化内核是"格物致知，大道相通，经世致用"。

1. 游戏是天生的学习的工具

游戏是人与生俱来的天性，也是人探索世界、不断学习的重要手段。游戏从字面上解释是体验虚拟，游戏中的"游"字代表着游历、体验、经历，游戏中的"戏"字代表着虚拟出来的形式，如戏曲、戏剧都虚构出了部分内容。幼儿时期的人对世界一无所知，不具备思辨能力，此时他们认识世界、了解世界主要通过游戏的形式。这种探索性学习的方式始终是最好的学习的方式，会源源不断地给予人奖励，激励人不断进步。从生物学上讲，当完成任务或者达成目标时，身体会分泌激素刺激人们产生愉悦的感觉。

从古至今，关于"玩物丧志"的说法未曾停止过，现代社会对电子竞技的抨击也不绝于耳。任何一种游戏和游戏形式，都是一种途径、一种工具，工具本身是没有对错之分的，使事情走向糟糕一面的根本因素是人，更确切地说是人的价值观。那些沉迷游戏、玩物丧志的人，正是缺乏正确的认知和价值观指导，过分体验虚拟，沉浸在游戏提供的愉悦之中，而忽视了游戏帮助学习、寻求真知的功能。

爱因斯坦曾言：问题从来不会在它发生的层面得到解决，想要探究问题背后所隐藏的原因，就要进阶到上一个层面解决问题。树立正确的游戏价值观则能够在有限的范围内解决过分沉迷游戏的问题。游戏可以成为学习的工具，也能让人玩物丧志，关键在于游戏这个客体在游戏参与者的主观意识中代表着什么、能否帮助游戏参与者认识和改造客观世界。参与游戏会在行为层面上产生两种结果：一种是游戏让生活更美好，另一种是沉迷游戏、玩物丧志。当然，结果并非是标准的二元论，非此即彼，两种结果是不断交织对抗的。而游戏参与者需要做的是，努力让游戏成为服务于人的工具，而非被工具所操控，使用好游戏这个优秀的学习工具，以帮助自己体验生活的美好。

2. 电子竞技是一种公平的智力及心理的博弈

电子竞技是在公平、公正的规则下进行的脑力博弈。这种博弈能力包括观察力、注意力、执行力，而博弈能力强的玩家更容易赢得胜利。也就是说，那些在任何一款电子竞技游戏中，能够洞悉全局，对游戏比赛阅读清晰的（观察力），能够时刻观察对手或者队友的情况、并将比赛中细微的变化铭记于心的（注意力），能够将正确的游戏思路贯彻落实、且能根据场上局势随时调整应对的（执行力）玩家，获得胜利的概率是远大于不具备这些能力的玩家的。

所谓"知己知彼，百战不殆"，竞技水平越高的电子竞技比赛对参赛者智力及心理的考验也越高。"知人者智，自知者明"，在电子竞技游戏中，只有了解自己、了解对手才更容易赢得胜利。"知人者智"体现在，游戏参与者需要不断思考对手的行为及其行为背后所隐藏的游戏想法，把控游戏场上的局势，通过不断的智力及心理博弈获得胜利。"自知者明"体现在，游戏参与者需要了解自己的游戏水平，结合实际情况有效地执行自己的想法，即通过与电子设备的互动实现这些想法，如此便能明了自己需要做什么才能获得游戏的胜利。

3. 电子竞技的文化内核是"格物致知，大道相通，经世致用"

"格物致知"出自《礼记·大学》，"致知在格物，物格而后知至"，意思就是想要获得一些道理、智慧就需要探究事物的原理。能够在众多选手中脱颖而出是需要钻研精神的，需要选手对游戏有非常深刻的了解，需要明白潜藏在游戏后面的规律和方法的，如此才算得"格物致知"。仅仅是消磨时光或者逃避现实，又不愿认真思考；仅仅是为了消遣娱乐，又不肯下功夫提升自己的游戏水平，如此是无法真正理解电子竞技背后的"道"的，因为这违背了电子竞技最根本的原则。

《易经·系辞》有言，"形而上者谓之道，形而下者谓之器"。"形而上者"指的是道（即哲学方法或思维活动），"形而下者"指的是可以触摸到的器物或东西。在电子竞技中，"器"指的是电子设备、游戏品种，"道"指的是帮助自己赢得游戏的方法。"器"可以千姿百态，以各种形式和面貌出现；而"道"则是相通的、可以升华的。在游戏中获得的知识可以拿到别的领域去验证，让知识来源于电子竞技又能应用于生活。例如，在游戏中学到的团结合作、宽容理解、各司其职等思想用在与现实中人的相处，这就从游戏的"道"升华成生活的"道"了。当这些"道"得以实践、帮助人处理好当下的生活，则"格物致知，大道相通，经世致用"。

【本章习题】

1．简述游戏、电子游戏、电子竞技游戏的联系与区别。

2．电子竞技游戏的定义与特征是什么？

3．网络游戏与电子竞技游戏有哪些区别？

4．电子竞技游戏有哪些价值？

第二章　电子竞技产业

【学习意义】

通过本章的学习，可对电子竞技产业有一个清晰的认识，为后续章节的学习打下基础。后面的电子竞技游戏、电子竞技赛事、电子竞技第三方产业皆是在本章的基础上展开的。

【关键词】

电子竞技行业　电子竞技产业　电子竞技产业链　电子竞技产业规模　电子竞技用户特征

【学习目标】

1. 了解行业、产业、产业链与商业生态系统的基本概念。
2. 了解企业成长过程中的融资方式。
3. 了解我国电子竞技产业的发展历史和发展因素。
4. 了解电子竞技产业链的各细分行业。
5. 深刻理解电子竞技用户的各类特征。
6. 掌握电子竞技产业的市场规模和用户规模。

第一节　电子竞技产业生态

电子竞技是近些年发展起来的新事物，它不是独立发展起来的，而是与电脑、互联网、移动网络等技术的发展息息相关。在社会文化与经济等共同作用下，国家政策逐步开放，电子竞技最终迎来生机蓬勃的发展。同时，电子竞技与多个行业有着千丝万缕的关系，它们组成一张大网，网内的各个"物种"有机联结在一起，形成电子竞技生态。

一、行业、产业、产业链与商业生态系统的基本概念

电子竞技是国民经济重要的组成部分，在国家统计分类中会使用行业和产业的概念对电子竞技进行类属划分。不仅如此，为了更好地理解电子竞技与商业的关系，产业链是被提及较多的概念，而与产业链类似的商业生态系统则是近年的研究热门。下面具体来看一下这几个基本概念。

1. 行业

行业一般是指按生产同类产品、具有相同工艺过程或提供同类劳动服务而划分的经济活动类别。行业分类可以解释行业本身所处的发展阶段及其在国民经济中的地位。在由国家统计局发布的《2017 年国民经济行业分类（GB/T 4754—2017）》中，行业是指从事相同性质的经济活动的所有单位的集合。根据此分类标准，电子竞技行业与电子游戏研发、电子游戏运营等同属互联网游戏服务。

2. 产业

产业是社会分工和生产力不断发展的产物。产业是指有利益相互联系的、具有不同分工的各个相关行业所组成的业态总称。尽管各个相关行业的经营方式、经营形态、企业模式和流通环节有所不同，但是它们的经营对象和经营范围是围绕着共同产品而展开的，并且可以在构成业态的各个行业内部完成各自的循环。在电子竞技领域，共同产品就是电子竞技赛事。

在由国家统计局印发的《新产业新业态新商业模式统计分类（2018）》中，电子竞技活

动和互联网电子竞技服务成为国家认可的新商业模式。在《战略性新兴产业分类（2018）》中，电子竞技作为重点产品和服务，被划分到战略新兴产业的其他数字文化创意活动分类中。在《文化及相关产业分类（2018）》中，互联网电子竞技服务是互联网游戏服务类别的重要组成部分。从这些分类可以看出，电子竞技相关产业已成为国民经济的重要部分。

3. 产业链

产业链是产业经济学中的一个概念，是各个产业部门之间基于一定的技术经济关联，并依据特定的逻辑关系和时空布局关系，客观形成的链条式关联关系形态。

产业链的本质是用于描述一个具有某种内在联系的企业群结构的，是一个相对宏观的概念，存在两维属性：结构属性和价值属性。产业链中大量存在着上下游关系和相互价值的交换，即上游环节向下游环节输送产品或服务，下游环节向上游环节反馈信息。游戏研发和游戏运营属于电子竞技产业链的上游，电竞内容制作和赛事运营属于中游，电竞媒体和电竞直播属于下游，三者之间存在资金流和服务流的输送过程，从而完成相互价值的交换。具体如图 2-1 所示。

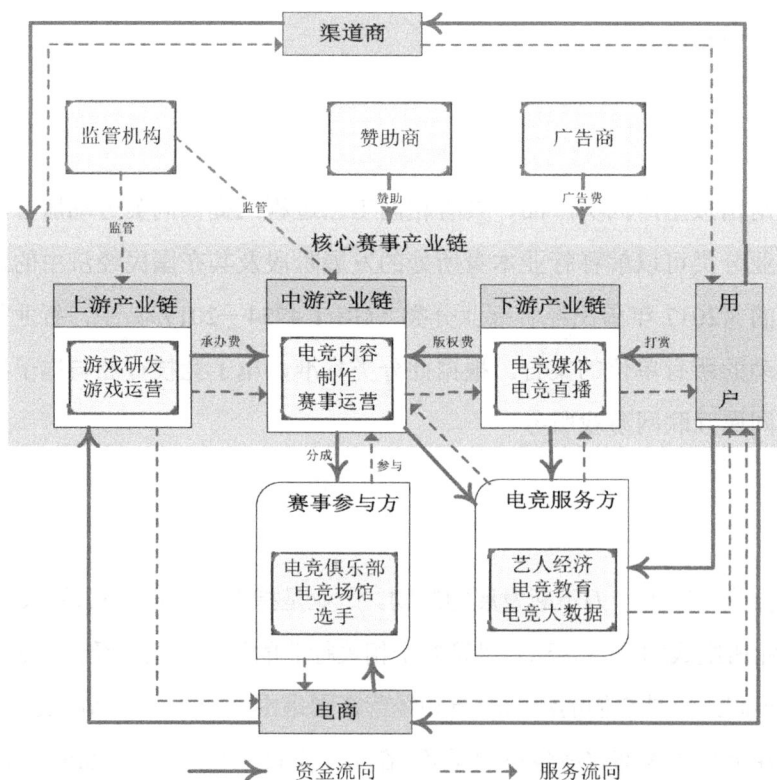

图 2-1

4. 商业生态系统

统计部门使用行业与产业的概念对国民经济分类，具有良好的效果。但要更好地表达电子竞技的商业活动，商业生态系统是一个很好的理论。该理论是 1993 年由美国著名经济学家穆尔在《哈佛商业评论》上首次提出的，研究的是商业物种间的交互关系。

商业生态系统是指以组织和个人的相互作用为基础的经济联合体，是供应商、生产商、销售商、市场中介、投资商、消费者等以生产商品和提供服务为中心组成的群体。这些组织和个人在一个商业生态系统中有着不同的功能，各司其职，但又形成互赖、互依、共生的生态系统。在一个商业生态系统中，虽有不同的利益驱动，但身在其中的组织和个人互利共存、资源共享，注重社会、经济、环境综合效益，共同维持系统的延续和发展。随着时间的推移，这些组织和个人共同发展自身能力和作用，并倾向于按一个或多个中心企业指引的方向发展。

在生物分类学中，物种是基本单位，是能够通过互交行为而繁殖相同性状后代的生物群体。同样的，商业物种是商业生态系统中最小的分类单位，是为用户的特点需求提供解决方案的企业群体。例如，电子竞技生态系统中就包括美国动视暴雪公司、Valve 和拳头公司等为用户提供游戏产品，满足用户娱乐需求的游戏研发商物种；WE、EHOME 和 LGD 等俱乐部培养职业选手，满足用户观赏竞技内容需求的俱乐部物种。

与自然生态系统中的物种一样，商业生态系统中的每一个环节都是整个商业生态系统的一部分，每一家企业最终都要与整个商业生态系统共命运。商业生态系统中的任何一个环节遭到破坏、任何一家企业的利益被损害，都会影响到整个商业生态系统的平衡和稳定，并最终损害系统中的每一个参与者。

如图 2-2 所示，电子竞技商业生态系统由四部分组成。首先，研发商、运营商和普通玩家组成了一条核心价值链条；其次，赞助商、赛事、超级玩家组成了第二条价值链；再次，网吧、网咖、电竞馆、教育、外设等组成了线下服务子群落；最后，视频平台、直播平台、电竞媒体、电竞社交等，组成了线上服务子群落。线上和线下两个子群落内的物种会随着环境的变化而产生协同进化，如先前的线下服务子群落中并没有电竞馆这个物种，该特种是随着电子竞技的发展而产生的；再如直播平台这个线上服务子群落里的物种，也是随互联网的发展而衍生出来的。

在电子竞技商业生态系统的基本结构中，运营商居于中心位置，为商业生态系统内各物种传递价值。运营商通过电竞内容，分别与赛事、线上服务者和线下服务者形成了价值链条，优化玩家的游戏体验。掌握电子竞技内容版权的运营商，通过授权方式从其他三条价值链中获取价值。同时，运营商还通过电子竞技游戏产品的销售，直接从普通玩家那里获取价值。在四条价值链条获取的价值汇集到运营商后，将与生态系统内的其他物种共享价值，通过反哺的方式推动生态系统的持续演化。

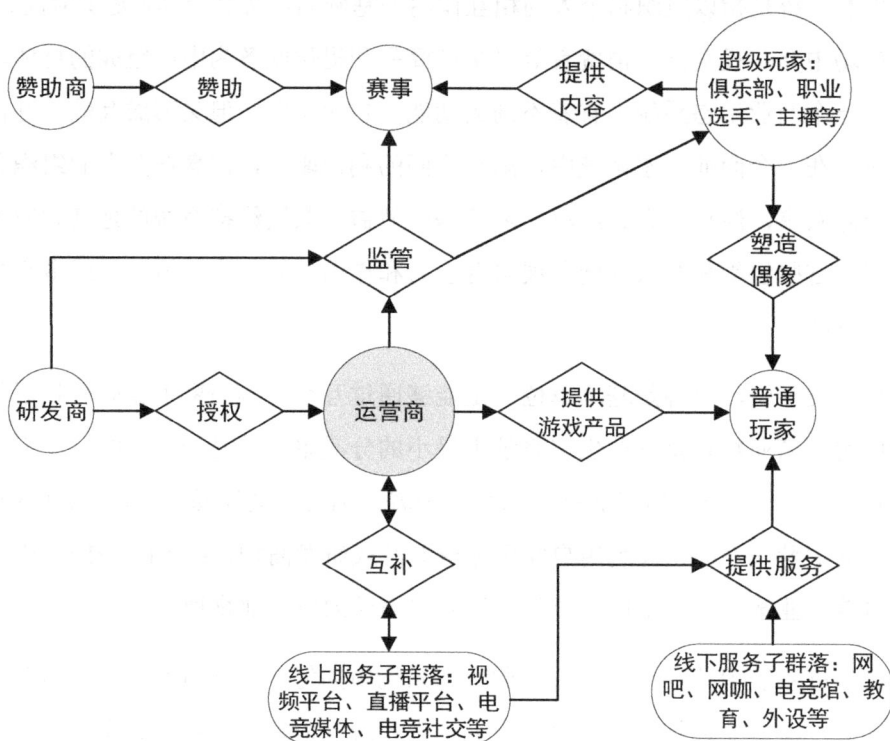

图 2-2

二、我国电子竞技产业的发展历史

第一章提到了我国电子竞技游戏的发展历程，而电子竞技产业的发展与电子竞技游戏的发展是密不可分的。电子竞技游戏从进入我国开始，经历了探索、受阻、变革、爆发、规范这五个阶段。

1. 探索阶段

1998 年网吧开始在中国兴起，《反恐精英》和《星际争霸》等单机游戏占据了网吧屏幕。这些游戏具有竞技性，玩家经常自发组织一些对抗活动。网吧经营者为了吸引人气，利用网吧已有场地，投入少量资金举办一些电子竞技游戏的比赛。

在此阶段，国外的先进赛事如 WCG 等进入我国，各大电脑配件商也频频举办电子竞技赛事。为了方便交流及争夺赛事奖金，由此产生了由游戏爱好者组成的电竞战队。随着竞争加剧，战队成员逐渐由兴趣爱好者转向了职业选手，出现了"一个领队、多个队员"的电子竞技俱乐部雏形。但那个时候的电子竞技处于萌芽形态，赛事不稳定、奖金收入少，虽然电子竞技的整体热度不断向好、社会认知度提高，但评价依然维持在低位，整个电子竞技产业处于探索阶段。

随着电子竞技的影响力越来越大，人们开始逐步接纳这个新的事物。

2. 受阻阶段

知名电子竞技选手李晓峰在 WCG 上连续取得两届魔兽争霸（War3）单人项目冠军，回国后受到数十家媒体的采访，并参加了知名电视节目的录制，在国内掀起一股电子竞技热。

但是，由于社会对网络游戏的负面反馈强烈，2004 年 4 月 12 日，原国家广电总局就电脑网络游戏类节目的问题向各省、自治区、直辖市广播影视局（厅）及新疆生产建设兵团广播电视局发出《关于禁止播出电脑网络游戏类节目的通知》。随后，一些网络游戏类的广电节目，包括中央电视台体育频道的《电子竞技世界》、北京电视台的《游戏任我行》等陆续决定停播或改版。而此前，游戏业内有一定影响力的电视节目《游戏东西》，在该《通知》发出前一个月，就被相关部门下令叫停，成为国内首个被禁的网络游戏类电视节目。我国电子竞技的宣传渠道被彻底封死。失去了最主要的宣传端口，电子竞技的社会关注度降至冰点。同时，这也宣告中国电子竞技产业无法复制韩国的"游戏—赛事—TV 媒体"模式，只能去探索自己的道路。

尽管电子竞技产业受阻，也有曙光存在。2008 年，国家体育总局将电子竞技列为第 78 项体育项目。

3. 变革阶段

在这个阶段之前，电子竞技游戏基本都是以单机模式为主。2009 年，知名的电子竞技游戏《英雄联盟》在美国发行，并在 2011 年来到中国，这标志着电子竞技游戏开始从单机走向网络。随后几年，我国的其他单机电子竞技游戏纷纷被网络单机游戏取代，赛事也从第三方主办为主导转化为由第一方的官方主导。（注：第四章会详细介绍）

此外，随着互联网的发展，优酷等视频网站纷纷成立，视频网站上的电子竞技视频拥有超高点击量，这为电子竞技选手变现带来了契机。他们在电子竞技视频旁边放置淘宝外链，观看者可以通过外链购买相应的商品，这种方式成功打通了电子竞技视频电商的变现渠道。

单机电子竞技游戏向网络电子竞技游戏转化和电子竞技产业变现渠道的建立，预示着电子竞技产业正在变革，即将迎来爆发。

4. 爆发阶段

2011 年 8 月，王思聪通过微博正式宣布进入电子竞技领域，整合国内电子竞技产业，并在随后收购了快要解散的 CCM 战队，组建 iG 电子竞技俱乐部。随后，多方资本进入电子竞技产业，特别是电子竞技游戏厂商（研发商和运营商）为了自身游戏的发展，大举进入电子竞技赛事、电子竞技俱乐部等领域。直播平台也在这个阶段高歌猛进，逐渐取代了优酷等内容提供平台。YY 于 2012 年正式推出了将游戏与解说同步结合的 YY 游戏直播（虎牙直播的前身），用户只要打开 YY 语音即可进行游戏直播及现场观看。直播平台培育出了大批主播和观众，大幅拓宽了电子竞技产业的变现通道，对电子竞技产业的发展影响深远。在资本、厂商、直播的共同作用下，电子竞技在这一阶段爆发，产业不断细分、玩家涌入，资本兴趣高涨。

随着移动网络的发展，用户接入互联网的主要端口由 PC 转向移动端，互联网应用场景门槛降低。2015 年 11 月 26 日，《王者荣耀》正式公测，成为移动领域的电子竞技王者游戏。《王者荣耀》的诞生与成功，成为电子竞技新的增长驱动力。

5. 规范阶段

电子竞技产业不仅丰富了人们的娱乐生活，还给经济注入了活力。但一味地野蛮发展会对电子竞技产业带来不利影响，于是相关部门在鼓励电子竞技产业发展的同时，制定了相关细则来规范和促进其发展。

作为新兴的行业，电子竞技行业没有经验可以借鉴。正因如此，整个行业对专业电子竞技人才充满着渴求。鉴于此，2016 年 9 月，教育部发布了《普通高等学校高等职业教育（专科）专业目录》，增补了"电子竞技运动与管理"专业。

在 2018 年雅加达举办的亚运会上，《英雄联盟》《PES 2018》《皇室战争》《炉石传说》《星际争霸》及《Arena of Valor》（王者荣耀国际版）共六个项目入选表演项目。电子竞技能进入亚运会，标志着电子竞技产业进入了一个新的时代。

三、我国电子竞技产业的发展因素

我国电子竞技产业发展到目前的火热状态，不是一蹴而就的。在宏观的政策环境、经济环境、社会文化环境和技术环境等因素作用下，电子竞技游戏不断演化、直播平台兴起、大量资本介入，共同驱动我国电子竞技产业不断向前发展。

下面对其中几个因素进行简单介绍。

1. 政策环境

电子竞技兼具娱乐和媒体属性，受政策影响较大。早期受限于意识形态，在政策上受到了较深的管制，之后有所放开，政策从限制走向扶持。近年来电子竞技政策层面的事件如表 2-1 所示，从中可以看出政策的变化。

表 2-1

时间	事件	影响
2003 年	CCTV5 开播《电子竞技世界》	正面
2003 年	2003 年电子竞技成为国家体育总局承认的第 99 个正式体育项目；原国家广电总局批准开办 GTV 游戏竞技频道	正面
2004 年	第一届中国电子竞技运动会正式发布，简称 CEG，是受国家体育总局支持、以华奥星空作为企业载体而举办的中国体育电子竞技联赛	正面
2004 年	原国家广电总局发布《关于禁止播出电脑网络游戏类节目的通知》，CCTV5 的《电子竞技世界》栏目正式停播	负面
2006 年	中华全国体育总会召开新闻发布会，向社会公布电子竞技运动项目的管理规定	正面
2007 年	第二届亚洲室内运动会包含电子竞技运动项目，这是电子竞技运动第一次被纳入国际综合性体育运动会之中	正面

续表

时　　间	事　　件	影　响
2008 年	中国成都成功申办 WCG（World Cyber Games）2009 全球总决赛，成都第十一届运动会引入电子竞技为正式比赛项目，国家体育总局整合合并我国现有的体育项目，并将电子竞技重新定义为我国第 78 号体育运动项目	正面
2009 年	电子竞技主管部门明确为国家体育总局信息中心	正面
2012—2013 年	世界电子竞技大赛 WCG 两次在江苏昆山市顺利举办	正面
2013 年	国家体育总局竞体司组建 17 人电子竞技国家队，出征第四届亚洲室内运动会	正面
2013 年	CCTV5《体育人间》制作并播放了节目《在追逐电竞梦想的道路上奔跑》	正面
2014 年	WCA（World Cyber Arena）世界电子竞技大赛落户永久举办地——银川，其宣传广告也在央视播出	正面
2015 年	CCTV13 主流节目《朝闻天下》关注报道电子竞技行业发展，其中包含 DOTA2 国际邀请赛的内容，并提及"电子竞技被提名为 2020 年奥运会比赛项目"	正面
2016 年	阿里体育打造第一届世界电子竞技运动会，并在 2017 年 1 月落下帷幕	正面
2017 年	国家体育总局发布《关于举办 2017 年全国电子竞技公开赛的通知》，拟在 12 月举办中国电子竞技公开赛	正面
2018 年	中国代表队出征雅加达亚运会，在电子竞技表演赛上夺得 2 金 1 银的好成绩	正面

电子竞技产业蓬勃发展的态势引起了国家相关部门的重视，包括文化部、体育部及教育部等相继出台电子竞技产业相关政策，为行业的发展提供规范引导。近年国家层面的电子竞技政策如表 2-2 所示。

表 2-2

日　　期	政　　策	发　布 部　门	政　策 要　点
2006 年	《电子竞技运动项目的管理规定》	国家体育总局	具体包括《全国电子竞技竞赛管理办法（试行）》《全国电子竞技运动员注册与交流管理办法（试行）》《全国电子竞技运动员积分制度实施办法（试行）》和《全国电子竞技竞赛规则》
2016 年	《关于印发促进消费带动转型升级行动方案的通知》	国家发展改革委	明确指出"在做好知识产权保护和对青少年引导的前提下，以企业为主体，举办全国性或国际性电子竞技游戏游艺赛事活动"

日　期	政　策	发布部门	政策要点
2016 年	《体育产业发展"十三五"规划》	国家体育总局	指出"以冰雪、山地户外、水上、汽摩、航空、电竞等运动项目为重点，引导具有消费引领性的健身休闲项目发展"
2016 年	《普通高等学校高等职业教育（专科）专业目录》	教育部	增补了"电子竞技运动与管理"专业
2017 年	《文化部"十三五"时期文化产业发展规划》	文化部（2018 年进行职责整合，不再保留文化部）	提出推进游戏产业结构升级，推动网络游戏、电子游戏等游戏门类协调发展，促进移动游戏、电子竞技、游戏直播、虚拟现实游戏等新业态发展

国家的政策也初步落地地方。2017 年 12 月，上海市政府发布《上海市"十三五"时期文化改革发展规划》，强调了将上海打造为全球电竞之都；12 月 28 日，重庆忠县发布《忠县人民政府办公室关于促进电竞产业发展的若干政策意见》，重点支持电子竞技产业企业引进、人才引进和专项政策落实等；在忠县之后，又有江苏太仓、浙江杭州、安徽芜湖、河南孟州、山东章丘等多地宣布开始着手建设电竞小镇，从不同的角度拥抱电竞产业。

【资料】

21 世纪经济研究院认为，在电竞产业快速发展的背景下，电竞小镇作为一种新兴的"特色小镇"类型，体现了地方政府及市场对该产业的认可与重视。但是，建设电竞小镇仍需谨慎，应避免跟风盲动，切忌一拥而上。

注：来源于《21 世纪经济报道》的《电竞小镇"生态"：收入靠娱乐、教育，需避免跟风盲动》

2. 经济环境

宏观经济向好，有利于各个产业的发展。电子竞技产业作为国家经济的一部分，也会受到经济环境的影响。经济环境主要表现在以下几个方面：一是我国宏观经济增长稳定，网民的娱乐生活消费提高；二是我国网络游戏产业逐步成为我国重要经济文化产业，并且整体趋于稳定；三是电子竞技受到资本市场热捧，并且各个领域与环节都处于风口，许多业内、业外人士纷纷投资电子竞技产业；四是电子竞技广告营销、电子竞技赛事营销、明显的电子竞技泛娱乐化，使电子竞技成为市场热点；五是用户娱乐消费需求上升，电子竞技相关娱乐成为年轻群体的重要消费内容；六是在国家政策的支持下，各地方纷纷布局电子竞技领域。

3. 社会文化环境

只有大众接受了电子竞技，才能让电子竞技走得更远。近年来，随着电子竞技热点频出，大众对电子竞技的认识加深，社会文化层面也逐步接纳了电子竞技这个新鲜事物。这主要得益于以下几个方面：一是受电子竞技影响的"80后""90后"逐渐成长为社会的中坚力量，他们对电子竞技有着特殊的情怀，也更能从正面认识电子竞技；二是中国电子竞技选手在国际电子竞技赛事中的屡次夺冠引爆了人们对电子竞技赛事的关注，在这个过程中，人们对电子竞技的偏见逐渐消除，电子竞技以正面形象进入人们的视野；三是人们在闲暇之余对电子竞技的需求强烈，黏性很大，培养了很多潜在的观众，并且早期电子竞技赛事的发展也培育了坚实的观众基础；四是随着互联网大力普及，整体的互联网消费与互联网行为成为社会主体场景，电子竞技根植于互联网，自然容易被接纳；五是各行各业在看到电子竞技拓展的泛娱乐趋势后，纷纷加入或布局电子竞技产业，同样，各界各领域也会弘扬电子竞技体育生态。

曾经被大众视为洪水猛兽的电子竞技，现在正以越来越强势的姿态进入主流社会。首先是产业主流化，传统体育、电子竞技不再分家，传统体育一改以往的"孤高"态度，开始变得对电子竞技青睐有加，促使双方进入了前所未有的"蜜月期"；其次是商业主流化，奖金规模增长几千倍，中国的"互联网平台+赛事平台+电子竞技"模式实现了包括游戏联运、电子商务及广告、赛事竞猜、会员订阅等多种多样的商业化形式，辐射了IT、娱乐、体育、网吧等周边产业，对社会主体经济的影响日渐加深；最后是社会主流化，电子竞技进入2018年雅典亚运会表演项目，这是一个里程碑式的事件，另外，电子竞技成为2019年东南亚运动会正式比赛项目，这更是电子竞技进入社会主流化的明证。但电子竞技融入主流社会的途径远远不局限于亚运会，而是在广泛的层面上得到了政府和民众的支持。中国正在成为发展电子竞技非常迅猛的国家。

4. 技术环境

（1）电子竞技的发展离不开技术的进步。从单机到PC再到手机，硬件设施的发展促使电子竞技体验与使用场景更丰富；智能终端的普及使移动端电子竞技日需完善和成熟，从而产生了《王者荣耀》这样的大作；游戏研发越来越精品化，内容技术更加成熟。

（2）电子竞技的发展也离不开技术环境的改善。2014 年，中国移动推出 4G 网络，移动网速上升到一个新高度，大大促进了电子竞技的发展。2015 年，李克强总理在两会上提出网络提速降费，之后在 2019 年十三届全国人大二次会议上再次提到移动网络流量平均资费再降低 20% 以上。

当前，VR 设备、5G 移动网、大数据、互联网都在高歌猛进，既改变了社会的面貌，也为电子竞技全面起飞奠定了坚实基础。

5．电子竞技游戏不断演化

在 2010 年之前，市场上主流电子竞技游戏以《魔兽争霸》等单机类游戏为主，通过对战平台实现和网上的人联机对战。对战平台起着联系各个玩家，提供竞技平台的作用，在推广各大电子竞技游戏的过程中功不可没。但这类游戏多为付费买断模式，对单一用户收费不可持续。此外，游戏厂商对电子竞技赛事的资金与技术投入很少，赛事主要由第三方举办。

由于硬件升级、网络优化带来游戏升级，以《DOTA》《英雄联盟》为代表的、兼顾竞技性和社交性的 MOBA（多人在线战术竞技游戏）类游戏成为电子竞技游戏的主流。这类游戏有中心服务器，从单机游戏进化为网络游戏，以售卖游戏内虚拟物品为主要营收手段。其收费模式可持续，因此游戏厂商出于推广游戏知名度、吸引更多流量的考虑，不计成本地投入电子竞技赛事、打造电子竞技赛事品牌，而有了资本支持，电子竞技赛事的规模与影响力也上了一个台阶。

6．直播平台兴起

随着互联网的发展，优酷、土豆等视频网站上播出大量的游戏视频内容，"视频+电商"为电竞人带来了第一种变现模式。而后直播平台出现，宣传渠道变广，传播辐射的力度倍数增长，从而解决了赛事内容传播渠道缺失的问题，为电子竞技带来巨大的关注度。同时电子竞技选手及主播的收入提高，为电子竞技选手提供了更多的出路，也缓解了电子竞技产业变现难的问题。

【资料1】

高盛数据显示,自2013年以来,一共有33亿美元投入了电竞相关的创业公司,仅2018年前10个月就出现了14亿美元的投资,较2017年几乎翻倍。

在A股公司中,完美世界、巨人网络、莱茵体育、顺网科技、深赛格、盛天网络等上市公司都在电竞行业有所布局。巨人网络则着重从休闲竞技、体育竞技、移动MOBA等多维度构建电竞版图,还与阿里体育达成战略合作,借鉴NBA等传统体育竞技联盟的运作方法,逐步建立起涵盖赛事、直播、明星经纪、粉丝运营、内容制作等在内的上下游产业链。

新三板的英雄互娱则主要发力移动电竞领域,拥有《全民枪战2》《巅峰战舰》《天天炫舞》等移动电竞游戏产品。同时,英雄互娱与香港K11签署战略合作协议,布局电竞线下赛道。

其他资本也加速布局。2017年初,苏宁投资TBG俱乐部,更名为SNG战队;2017年5月,京东投资成立电竞运营子公司,收购原LPL队伍QG战队与LSPL(英雄联盟甲级联赛)队伍NON;2017年12月,B站组建BLG战队,并于2018年10月成立电竞公司;2018年3月,新浪正式成立微博电竞俱乐部。

注:来源于《证券时报》的《2018年电竞产业迎爆发:前三个季度电竞相关投资额较去年几乎翻倍》

【资料2】

在传统观念中,"体育"应该是人与人的强对抗:肌肉凸起,汗如雨下。但也不尽然,围棋不靠肌肉靠头脑,对抗性并没有减弱;台球不用汗如雨下,但丁俊晖从来就是体育明星。电子竞技与围棋、台球类似,鼠标、键盘是它的"球杆",互联网是它的"棋盘",而屏幕上跳动的画面就是它的"黑白子"或"红球彩球"。选手用鼠标和键盘指挥着互联网上的虚拟形象,与对手指挥的虚拟形象,按照一定的规则进行竞技。电子竞技考验手眼协同、反应速度、策略和计算能力，只有"更快、更高、更强"的人才能取胜。

　　注：来源于 2016 年 9 月 2 日《人民日报》第 18 版"新知"栏目刊登的专门介绍"电子竞技"的文章《用鼠标键盘进行的体育项目》

第二节　电子竞技产业链

　　随着电子竞技产业的发展，以赛事为核心的电子竞技产业链基本形成。这条产业链也可称为电竞赛事产业链，它包括上游的电竞内容提供方（包括游戏研发、游戏运营商），中游的电竞赛事产业本身（包括电竞内容制作电竞赛事运营商、电竞俱乐部、电竞大数据等），以及下游的内容传播方（包括直播平台、电竞媒体等），最后触达观众。

　　在这个链条上，连接赛事和用户的电竞教育、电竞媒体、电竞大数据、电竞外设等行业应运而生，使整个电子竞技产业的商业生态系统更加完善。这些行业与赛事之间形成"通道"，共同服务于电竞赛事与电竞用户。

　　结合电子竞技产业链和行业实际，电竞产业具体可划分为多个细分行业，主要包括游戏研发、游戏运营、赛事运营、电竞俱乐部、电竞内容制作、电竞直播、电竞媒体、电竞经纪、电竞教育、电竞场馆、电竞外设、电竞大数据、电竞社交等。上述行业也是电竞从业者的主要去向。下面简要介绍这些行业。

1. 游戏研发

　　游戏研发指通过游戏策划、美术、程序将设想的游戏表现出来，并根据需要进行调整和更新。游戏研发是电子竞技产业的基础。电子竞技游戏产品是电子竞技运动发生的内容承载物。

2. 游戏运营

　　游戏运营是指将一款电子竞技游戏推入市场，通过对产品的运作，使用户从认识、了解到实际上线操作，并最终成为游戏的忠实用户的过程。同时，通过一系列的营销手段达到提高在线人数、刺激用户消费、获取利润等目的。

3. 赛事运营

赛事运营指的是商业性组织利用资源要素，将输入（包括人、财务、技术等）转化为输出（指经济效益）的过程。赛事运营能力的强弱直接决定了赛事的影响力和盈利状况。只有将赛事运营好，整个产业才会有优质的内容输出，才会产生源源不断的资金流入来支撑整个行业的持续发展。电竞的比赛性质决定了其必然以电竞赛事为核心，而电竞赛事则以电竞赛事运营为核心。

【资料1】电竞运营师

定义：在电竞产业中从事组织活动及内容运营的人员。

主要工作任务：

1. 进行电竞活动的整体策划和概念规划，设计并制订活动方案；

2. 维护线上、线下媒体渠道关系，对电竞活动的主题、品牌进行宣传、推广、协调及监督；

3. 分析评估电竞活动的商业价值，确定活动赞助权益，并拓展与赞助商、承办商的合作；

4. 协调电竞活动的各项资源，组织电竞活动；

5. 制作和发布电竞活动的音视频内容，并评估发布效果；

6. 对电竞活动进行总结报告，对相关档案进行管理。

【资料2】电子竞技员

定义：从事不同类型电竞项目比赛、陪练、体验及活动表演的人员。

主要工作任务：

1. 参加电竞项目比赛；

2. 进行专业化的电竞项目训练活动；

3. 收集和研究电竞战队动态、电竞游戏内容，提供专业的电竞数据分析；

4. 参与游戏的设计和策划，体验游戏并提出建议；

5. 参与电竞活动的表演。

来源：人力资源社会保障部 2019 年 4 月 1 日公布的新职业信息。

4. 电竞俱乐部

在超级玩家中，一部分进化为职业选手，另一部分进化为游戏主播。由于缺乏管理能力的战队无法满足职业选手的需求，专业的电竞俱乐部便应运而生。

5. 电竞内容制作

电竞内容制作公司主要服务于泛娱乐用户。电子竞技蕴含着诸多可以挖掘的优质内容。首先是电竞赛事本身就是优质的内容资源，对赛事准确的直播和转播将保证赛事内容的精确传达。其次是主播日常直播的游戏内容，包括娱乐的内容与专业的教学型内容。最后是大众娱乐类内容，包括选手的真人秀、综艺节目，利用游戏 IP 开发的二次元、动漫节目，以及基于电竞游戏的教学视频或解说。

在早期的电竞内容中，教学类、解说类视频占据主流。这是因为一个电竞游戏在刚流行的时候，面向的对象以核心用户为主，而这些核心用户的诉求在于提高自身的竞技能力，所以会看许多教学类视频。随着大众对电竞游戏的逐渐熟悉，电竞内容也转向了开发职业选手与电竞主播的"粉丝经济"和开发电竞游戏 IP 的综艺类内容。

与传统的娱乐类综艺节目不同，电竞内容制作公司的服务对象不是以观众为主的 C 端用户而是以厂商为代表的 B 端用户。在内容来源上，传统综艺节目是由内容制作公司主导、赞助商赞助、艺人参与最终制作的一档节目，其内容来源于所拥有的内容版权；而电竞内容制作公司的内容来源却需要游戏厂商的授权，这是由电竞的特性决定的——版权在游戏厂商手中。在内容输出对象上，传统综艺节目通过各大视频网站面向观众，本质上是以观众的选择来塑造内容形态的；而电竞内容制作领域更多的是以厂商竞标的方式对内容进行采购，其主要目的仍然是对厂商游戏内购的导流，因此在内容属性上并不是以用户需求为导向而是由厂商和用户合力决定内容方向。

6. 电竞直播

电竞直播是打通电竞赛事内容和用户的传播渠道，是当今电竞用户了解电竞赛事内容最直接的渠道。电竞直播的出现也为电竞产业带来了最重要的"造血"通道。

电竞直播主要为各层次用户服务，用户可以通过直播观赏电竞赛事和游戏内容。电竞直播不仅直接产生了主播这个职业，在直播过程中还衍生出了网红、弹幕文化、真人秀节目、主播游戏视频和在线解说等新文化、新内容。

7. 电竞媒体

电竞媒体与传统媒体相似，但又不完全相同。其实可以将"电竞"两个字换成"体育"，或者换成任何传统体育项目如篮球、足球、网球等。

电竞是一种新的生活方式与生活观念，备受年轻群体关注，易与网络媒介结合。电竞传媒主要传播与商业信息和媒体发生一定联系的电竞精神、人物、组织、赛事等。

精彩的电竞赛事、知名的电竞活动和电竞选手等具有较大的传播功能，因经常提供新鲜、刺激的事件而备受电竞媒体关注。电竞媒体能触达更多人群，包括潜在的电竞爱好者、电竞游戏玩家、电竞赛事观众等，从而不断扩大市场效益。赞助企业、广告客户和广告代理商则对电竞媒体存在一定的品牌宣传、市场销售等需要。最终，供与需构成了电竞媒体市场。

8. 电竞经纪

电竞艺人经纪公司与传统艺人经纪公司的业务模式相似，负责打通从用户到主播、解说的晋升渠道，对艺人进行培训、包装并最终"销售"至各个直播平台。通过艺人经纪公司的选、培、推、销模式，艺人可以成为主播平台主播或电竞赛事解说、主持人等直接面向受众的工作者。

下面具体来看一下整个流程。

（1）选人。一方面利用大数据监测软件在各大平台上挖掘有潜力的主播，另一方面下沉至三、四线城市"挖人"。在选人的喜好上，女性以颜值高、具备才艺为主，而男性则以风趣幽默兼具游戏技术为主。

（2）培训。经纪公司对选拔的艺人进行培训，培训周期在 2～3 个月为主，经纪公司根据艺人的性格、游戏天赋、短板、事业心及喜好来做出合适的定位，并确定培训路线。在运营的过程中，经纪公司不断根据用户（包括粉丝及合作伙伴）的反馈和数据（包括内容的数据及商业的数据）来不断调整和优化。

（3）推广。经纪公司对培训的艺人进行包装、推广，目的是在对平台进行销售时能签约更高的费用。这一部分是整个流程中成本最高的部分，大约占总成本的 30%～40%。

（4）销售。具体指培训的主播与直播平台签约，直播平台给予一定的签约费；而培训的解说则与各赛事运营方进行签约。

9. 电竞教育

电竞教育为用户打通了通往电竞产业链的道路。用户经过短期职业培训或学历教育可以选择从事赛事运营、内容制作、设计及解说、主持人等电竞产业链内各行业的工作。

需要注意的是，电竞教育培养的并不是传统意义上的职业选手，而是围绕着实用性岗位开展的教育与培训工作。

10. 电竞场馆

电竞场馆是提供上网休闲娱乐服务、电竞训练、举办电竞比赛及相关活动，且提供赛事及活动的直播和转播等上网服务的营业场所。电竞线下化是需要将电竞元素赋予线下的场馆中的，电竞为线下场馆带来流量支持，而线下的场馆则为流量进行变现。

11. 电竞外设

良好的电竞外设能为用户带来更好的游戏体验。电竞外设包括电竞专用的鼠标、键盘、耳机及显示器等硬件设施。电竞游戏是通过外部设备进行对抗的游戏，因此更高水平的对战则需要更精细的外部设备，如电竞专用的鼠标凭借远超普通鼠标的移动定位能力为取得游戏胜利打下基础，而机械键盘及静电容键盘则相比普通键盘按键更快，键位冲突更少，可以最大限度地助力实战。

12. 电竞大数据

电竞大数据行业主要是对玩家及观众提供对游戏及赛事的深度解读。通过对游戏比赛中搜集的大量数据进行分析、提取并形成有用的结论，从而支持战队、俱乐部及玩家的日常战术需求。

13. 电竞社交

通过电竞社交，电竞用户不但可以关注各国赛事、组队打游戏，还可以与各种游戏类型的大咖们交流、讨论及提升游戏技巧。"陪玩"是当前电竞社交的重要发力点。

第三节　电子竞技产业规模

电子竞技产业涉及众多行业，不仅带来了众多的就业岗位，还促进了国民经济的发展。从规模来看，不管是市场层面还是用户层面，都在逐年快速扩大。

分析市场规模主要是研究目标产品或行业的整体规模，如目标产品或行业在指定时间内的产量、产值等。根据人口数量、人们的需求、年龄分布、地区的贫富度等调查能得到更具体的结果。在投资领域，市场规模与竞争性能直接决定对新产品设计开发的投资规模；在市场营销领域，研究市场规模有利于市场营销；市场规模的发展形态能直观展示出行业的发展潜力，人们可据此判断是否能进入此行业就职。

一、电子竞技产业的投融资

投资是创新创业项目孵化的一种形式，是对项目产业化综合体进行资本助推发展的经济活动。融资是企业资金筹集的行为与过程，是企业保证公司正常生产需要和经营管理活动需要的手段。通过对电子竞技产业的投融资的了解，不仅能更好地认识电子竞技产业的规模，而且对就业或创业也有所帮助。

（一）企业成长过程中的融资方式

1. 企业生命周期理论

企业生命周期①是指企业的发展与成长的动态轨迹，包括种子期、发展期、扩张期和成熟期。企业生命周期理论的研究目的在于为企业找到能够与其特点相适应且相对较优的模式来保持企业的发展能力，在每个生命周期阶段内充分发挥特色优势，进而延长企业的生命周期，帮助企业实现自身的可持续发展。

由于电子竞技产业是近些年发展起来的，大多数公司都处于种子期或发展期，极少数公司才进入了扩张期。很多企业由于各种原因，并不能进入发展期或更后续的成长过程中。

【资料】

2019 年 3 月 7 日晚，熊猫直播创始人兼 COO 陈菊元在熊猫直播工作群中宣布，公司无奈决定以遣散员工的方式为熊猫直播画上句号。熊猫直播由万达集团王健林之子王思聪一手创建，旗下有 PDD、仙某某、托马斯 CzH、主播少囧、刘杀鸡、若风、行云、伍声 2009、囚徒等大量优质主播。此外，王思聪旗下 iG 战队也是熊猫直播的签约主播。

注：具体内容可见新浪专题《熊猫直播正式宣布关闭》，网址：https://tech.sina.com.cn/zt_d/xmzb/?sendweibouid=1204284154

2. 融资方式

在企业不同的生命周期阶段，企业发展所需资金及其融资方式都有所不同。在认识融资方式之前，先来了解天使投资、私募股权投资、风险投资的基本概念。

（1）天使投资这个词语源于纽约百老汇，1978 年在美国首次使用。天使投资指具有一

---

① 美国人伊查克·爱迪斯曾用 20 多年的时间研究企业如何发展、老化和衰亡。他写了《企业生命周期》，把企业生命周期分为十个阶段，即孕育期、婴儿期、学步期、青春期、壮年期、稳定期、贵族期、官僚化早期、官僚期、死亡。爱迪斯准确生动地概括了企业生命不同阶段的特征，并提出了相应的对策，指出了企业生命周期的基本规律，揭示了企业生存过程中基本发展与制约的关系。

定净财富的人士，对具有巨大发展潜力的、高风险的初创企业进行早期的直接投资，属于自发而又分散的民间投资方式。这些进行投资的人士被称为投资天使，用于投资的资本被称为天使资本。投资天使有其自身特点，如有相当的财富积累、有一定的风险承受能力、有丰富的管理经验或创业经历、有成熟的投资心态且善于借助他人的力量。

（2）私募股权投资（Private Equity，PE），是指通过私募形式对私有的非上市企业进行的权益性投资，在交易实施过程中附带考虑了将来的退出机制，即通过上市、并购或管理层回购等方式出售，持股获利。简而言之，私募股权投资就是投资者寻找优秀的、高成长性的未上市公司，并注资其中，以此获得该公司一定比例的股份，推动该公司发展与上市，通过转让股权获利。

（3）风险投资（Venture Capital，VC），简称风投，又译为创业投资，主要是指向初创企业提供资金支持并取得该公司股份的一种融资方式。它并不以经营被投资公司为目的，仅是提供资金及专业上的知识与经验以协助被投资公司获取更大的利润，是一项追求长期利润的高风险、高收益事业。

在我国的一般机构调研报告中，一般都将私募股权投资和风险投资统一表述为风险投资，简称为PE/VC。从投资阶段来说，一般认为PE的投资对象主要为拟上市公司，而VC的投资阶段相对较早，但是并不排除中后期的投资；从投资规模来说，PE由于投资对象的特点，单个项目投资规模一般较大，VC则视项目需求和投资机构而定；从投资理念来说，PE一般是协助投资对象完成上市后套现退出，VC则强调高风险、高收益，既可进行长期股权投资并协助管理，也可进行短期投资，之后寻找机会将股权出售。

就企业整个生命周期的融资方式来看，在种子期以政府资助、民间借贷及天使投资为主；在发展期以私募股权投资为主；在扩张期，不仅有私募股权投资，还有金融机构贷款、并购重组或上市等方式，来获得融资；到成熟期时，不仅有扩张期的融资手段，还可上手股权融资及可转换证券融资。

3. 融资轮次

关于企业在哪个阶段融资、每一轮应在什么情况下开始融资、融资金额大概为多少……投资圈里有一套约定俗成的规则。融资轮次一般包括天使轮、A轮、B轮、C轮及C轮以后等几个阶段。

（1）天使轮融资也叫种子轮融资，顾名思义，刚起步最困难的时候，谁投资谁就是最可爱的天使。具体来讲就是创业者一开始已经选定创业的投资项目，看好其市场发展前景，各方面都调研得差不多了，准备进行投资创业。此阶段融资金额一般较小，几十万元是常见的数额，使用的范围可以包括产品开发，但很少用于初期市场运作。

（2）A 轮的企业特征是已经有了产品的原型、产品一般已经打磨得相对完善了、正常运作一段时间并有完整详细的盈利模式、在行业内拥有一定地位和口碑但基本还没有收入或者收入很少。这个时候，投资人还是会看创业者的背景，但也会看市场前景及公司的愿景。A 轮的融资额度一般为百万元级别，若发展潜力十足，千万元级别也是常有的。

（3）到 B 轮的时候，企业就相对成熟了，有比较清晰的商业模式，获得了较大发展，但盈利还是比较少的。此阶段的 VC 机构会更看中企业的模式、应用场景，以及覆盖的人群。由于企业推出新业务、拓展新领域，有再进行融资的需求。资金来源一般是上一轮的风险投资机构跟投、新的风投机构加入、私募股权投资机构加入，融资金额几千万元到上亿元不等。

（4）到了 C 轮，创业企业生存下去的概率会大些，C 轮以后企业已经开始考虑上市了。C 轮一般都会看企业的盈利能力和用户规模，如果企业的市场前景好、用户多，即使不盈利也会被 VC 看好。例如，滴滴这样的公司，因为覆盖范围广、应用场景广、市场占有率高，所以即使不盈利，也会有 VC 机构抢投。这一轮除了拓展新业务，有补全商业闭环、写好故事准备上市的意图。资金来源主要是 PE，有些之前的 VC 也会选择跟投，融资金额由几千万元到几十亿元不等。如果财务结构和规模达不到上市的要求，也可能继续融 D、E 轮，但是一般融到 F 轮的公司是比较少的。若融到 F 轮之后还无法上市，就会被收购、兼并等，以使当初的投资者实现资金退出。

（二）电子竞技产业投融资分析

电子竞技产业是新兴的、有潜力的产业，在电子竞技产业链的各个层面投融资不断涌现。下面对近年来电子竞技产业的投融资进行分析，以便更全面地认识电子竞技产业。

1. 知名机构布局电子竞技产业

电子竞技的火热引起资本市场和网络巨头的持续关注，特别是 2016 年以来，随着对电子竞技产业未来的看好和多项政策的开放，投融资事件层出不穷。投融资一般有四个原因，一是生态并购，要将企业的商业生态系统进行扩展或补齐，如英雄互娱本是电子竞技游戏上游的研运商，但投资了 ImbaTV 的电子竞技内容直播和 5EPlay 的电子竞技平台业务，就是希望向电子竞技产业链中、下游进行扩展；二是资本变现，主要是风险投资者希望在未来获得资本的增值；三是资源互补；四是战略布局。

2. 电子竞技产业投资热度下降，其中直播行业率先"步入后半场"

自 2014 年电子竞技投资潮启动后，投资总额度与投资笔数逐年增加。到 2016 年，投资总额度与笔数开始爆发，融资额度达 50.9 亿元，共发生 48 笔融资交易；2017 年后投资总额度开始下降，市场热度稍降，融资笔数达 50 笔，融资总额为 31.7 亿元，截至 2018 年 6 月 30 日，融资总额达 76.9 亿元，除了虎牙与斗鱼高达 67 亿元的投资，投资金额与投资笔数均显著降低。

3. 与核心赛事产业链相关的行业融资金额较高

从企业融资分布情况分析，直播行业占据 67% 的融资金额。除游戏研发商外，电子竞技行业中融资金额最多的五次融资均发生在直播行业，这说明电竞直播行业是一条资本拥挤的"赛道"。而赛事运营及电竞场馆位列第二、三位。可以看出，产业链发展相对不平衡，与赛事相关的产业更受关注。

4. 电子竞技产业融资轮次逐年后移，产业格局趋于稳定

在 2018 年以前，电子竞技产业融资交易轮次中 80% 在 A 轮（包含 A+轮）之前，这说明电子竞技产业仍处于早期，大部分企业仍为初创企业，产业格局未定。进入 2018 年，产业趋于成熟与理性，不仅体现在融资笔数的减少，融资轮次也更为靠后，A 轮（包含 A+轮）融资次数占比仅为 53%，产业整体格局更为明晰，资源向巨头倾斜，马太效应[①]显现。

5. 产业格局趋于稳定是投融资下降的主因

从投融资角度来看，电子竞技投融资热度有所减弱，其原因主要有三点。

一是电子竞技产业链细化过程进入瓶颈期。2015 年至 2017 年，电子竞技产业链不断细分，诸多细分行业涌现，资本涌入抢占第一张"船票"，而现阶段电子竞技产业链基本

---

① 马太效应（Matthew Effect），指强者愈强、弱者愈弱的现象，广泛应用于社会心理学、教育、金融及科学领域。名字来自圣经《新约·马太福音》的一则寓言："凡有的，还要加倍给他叫他多余；没有的，连他所有的也要夺过来"。

定型，短期内并没有新的细分行业出现，更多的是行业内存量企业的竞争，因此投资笔数较前两年下降。

二是能存活下来的企业大都具备造血功能。在 2015 年前后，即电子竞技产业爆发但又不成熟的阶段，整个产业链刚刚搭建完成，商业模式并不清晰，企业需要资本运作下去。而目前电子竞技产业进入第二个阶段——爆发后的生存阶段，虽然现阶段电子竞技产业的热度有所下降，但大量已存活下来的电子竞技企业已经完成了自身业务模式的探索与贯通，完成"输血"到"造血"的改变，多处于良性运营的状态，对多轮融资的需求下降。

三是电子竞技产业中新创立企业数量减少，导致投融资减少。各细分行业内竞争格局在 2015 年和 2016 年已初步形成，各行业的壁垒已初步形成，而且电子竞技赛事产业链并不市场化，其他电子竞技产业链变现模式仍在探索之中，企业新入局并存活的机会比前两年降低。

虽然投融资下降，但作为一个新兴产业，电子竞技产业仍然存在很多机遇，并且随着产业的进一步发展，还会产生新的"物种"，需要新的融资。

二、电子竞技产业的市场规模

电子竞技产业的商业生态系统包含多个市场，为了便于理解与区分各自的市场规模，将电子竞技产业的市场主要划分为电子竞技游戏市场、电子竞技赛事为核心的市场及电子竞技直播市场。其他市场规模较小，不再一一阐述。电子竞技游戏市场包括游戏充值、游戏周边收入等；电子竞技赛事为核心的市场包括门票收入、赛事赞助与广告收入、承办费、赛事内容授权费等；电子竞技直播市场包括充值打赏、付费订阅等。

（一）我国电子竞技游戏市场规模概述

在阐述电子竞技产业的市场规模之前，先将我国的国内生产总值与我国电子竞技游戏市场来进行类比，能更好地理解电子竞技产业的各个市场规模。

1. 我国的国内生产总值

国内生产总值（GDP），指一个国家（或地区）所有常驻单位，在一定时期内，生产的全部最终产品和服务价值的总和，常被当作衡量国家（或地区）经济状况的指标。2017 年我国国内生产总值达到 82 万亿元。

2. 我国电子竞技游戏市场规模

电子竞技游戏是娱乐产业的重要组成部分。我国电子竞技游戏市场规模早已超过电影市场。2019 年，中国游戏市场实际销售收入 2308.8 亿元，其中客户端游戏市场实际销售收入 615.1 亿元，移动游戏市场实际销售收入达到 1581.1 亿元。

（二）电子竞技赛事为核心的市场规模

电子竞技游戏是整个游戏市场的中坚力量，市场规模很大。而作为电子竞技产业链中围绕赛事为核心的行业，不管全球还是国内，其市场规模都在快速扩大。

1. 全球电子竞技赛事的市场规模

2017 年，全球电子竞技赛事的市场规模达到 6.96 亿美元（约 46.8 亿元人民币）。其中来源于赞助商的收益占比最高，达到 38%，2017 年至 2018 年，赞助商品牌和金额进入快速迭代阶段，大品牌进场后还需要以数据撬动大投入；来源于广告的收益占比为 22%，以电子竞技独特的呈现方式达成与广告主的相互认可还需要更多尝试；游戏发行商投入占比为 17%，构成了整个电子竞技市场的基本保障；而版权售卖模式正在贴近传统体育，线上资源联动仍未充分开发；排在末位的门票及衍生品占比为 9%，也预示着未来拥有足够大的发展空间。

2. 中国电子竞技游戏的市场规模

中国电子竞技游戏是整个游戏市场的主力军。据相关数据显示，2018 年中国电子竞技游戏市场实际销售收入达 834.4 亿元，同比增长 14.2%，占中国游戏市场比例为 38.9%，未来仍有较大的增长空间；另外，2018 年中国移动端电子竞技游戏的收入首次超过客户端电子竞技游戏，占比达到 55.4%，未来移动端电子竞技游戏仍将作为主要增长引擎带动中国电子竞技市场的发展。

3. 中国电子竞技的市场规模（游戏市场本身除外）

若将游戏本身的收入除外，就产业链中游的电子竞技赛事核心和电子竞技衍生品来看，2017 年，中国电子竞技的市场规模实现超过 50 亿元，2018 年增至 84.4 亿元，电子竞技产业价值显现。核心市场规模的增长将成为拉动电子竞技快速发展的关键因素。2020 年，中国电子竞技的市场规模将超过 200 亿元，也将首次实现核心市场和衍生市场的平衡。

从全球来看，中国电子竞技的收入是领先的。对比电子竞技收入增速发现，2016 年全球同比增速为 52%，中国增速超过均值，达到 56%，超越北美，领跑全球。2017 年，全球收入增速放缓，中国以 41% 的增速与全球保持同步。北美及中国是全球电子竞技收入贡献非常大的两个地区，近两年的贡献额分别稳定在 37% 左右和 15% 左右。

2019 年，全球电子竞技收入预计将增长至 11 亿美元，同比增长 26.7%。其中北美将产生 4.1 亿美元的收入，而中国将会产生 2.1 亿美元的收入。

4. 电子竞技赛事的数量和选手数量

电子竞技产业的火爆从电子竞技赛事的数量和选手数量上也可见一斑。2013 年至 2015 年，中国规模级电子竞技赛事数量增长 85%，从 14 场增长到 26 场；有规模赛事的主办方数量增长 50%，从 2013 年的 10 个增长到 2015 年的 15 个。中国职业电子竞技选手的人数在经历了 2015 年之前的四年持续增长，到 2015 年达到 648 人。

5. 电子竞技赛事的奖金

奖金对于电子竞技赛事来说非常重要。选手与俱乐部通过赛事向观众提供高水平的竞技内容，以此获得奖金。奖金的存在也能大幅促进赛事的竞技水平。可以说，赛事奖金是以赛事为核心的电子竞技产业链中价值流和服务流的催化剂。

综合来看，电子竞技赛事的资金有以下几个特点。

（1）MOBA 类电子竞技项目奖金最多。在 2017 年，《DOTA2》《英雄联盟》《CS:GO》是居电子竞技赛事奖金前三名的项目。

而随着"吃鸡"类手游的快速崛起，其赛事奖金也快速增加。据报道，2018 年全球电子竞技比赛的奖金规模达到 1.52 亿美元（约为 10 亿元人民币），同比 2017 年增长了 32%，前三个电子竞技项目分别是《DOTA2》《CS:GO》和《堡垒之夜》，《英雄联盟》和《绝地求生》分列第四和第五。[①]

（2）电子竞技赛事奖金池赶超众多传统体育顶级赛事。以2016年为例，奖金池最高的DOTA2国际邀请（TI6）奖金总额达到2074万美元，超过NBA季后赛的1400万美元奖金。

2017年，DOTA2的奖金池再度提高，达到2400万美元。随着"吃鸡"类等游戏的火爆，以及电子竞技赛事的持续火热，可以想象，后续各类电子竞技赛事的奖金，不管总额还是单项都将再创新高。

（3）PC端电子竞技赛事奖金更多，移动端电子竞技赛事奖金快速增加。PC端电子竞技赛事的平均奖金为839.50万元人民币，是移动端电子竞技赛事平均奖金的11倍左右（据2016年数据）。2018年，腾讯在洛杉矶举办王者荣耀世界杯，其奖金池有55万美元（约365万元人民币）；王者荣耀的KPL职业联赛2018秋季赛的奖金池有1200万元人民币，冠军可以获得高达500万元人民币的奖金，亚军则是200万元人民币，季军和殿军分别获得110万元人民币，相比于第一届KPL的赛事奖金已经翻了好几番；2019年王者荣耀世界冠军杯冠军得主eStarPro将1344万元人民币冠军奖金收入囊中。尽管如此，与PC端电子竞技赛事如DOTA2国际邀请赛或LOL世界总决赛的奖金相比，还是少了很多。由于奖金池充沛，PC端电子竞技的职业选手仅靠赛事奖金就能维持生计。就目前而言，移动端电子竞技赛事的奖金逐年提高，但要赶上PC端电子竞技赛事的奖金，还需要一定的时间。

（4）综合性赛事的总奖金较高，但分配到每个游戏项目上的奖金不及单项赛事。综合性赛事包含了多款游戏，因此赛事总奖金相对较高。2016年，综合性赛事的奖金平均为1087.13万元，但具体到游戏层面，如按每个综合性赛事包含四款游戏来计算，每款电子竞技游戏在单项赛事中的奖金反而比在综合性赛事中的奖金高出137万元左右。

6. 电子竞技选手的奖金

2018年全球的电子竞技赛事的总奖金达到了1.5亿美元，相比2017年的1.1亿美元实现了大幅上涨。据相关数据显示，2017年961位中国电子竞技选手共获得了15 442 037.45

---

① 不同的统计渠道，产生的排名可能不同。例如，e-Sports Earings统计的2018年奖金排名前五位的电竞项目分别是《DOTA2》《CS:GO》《英雄联盟》《星际争霸2》和《堡垒之夜》。

美元总奖金，居世界第一，排在第二位、第三位的分别是美国和韩国。由于 DOTA2 的国际邀请赛奖金池明显高于其他赛事，选手收入榜单前 50 名中 DOTA2 选手全线飘红，只有数次被顶上微博热搜榜的韩国选手 Faker 代表 LOL 挤进榜单，排名 37 位。大多数的 LOL 职业选手靠直播收入要比奖金赚得更多。

外媒统计了 2018 年度比较热门的几个电子竞技项目的奖金收入排名，在 LOL 项目中，Faker 电子竞技奖金的收入有 1 175 068.35 美元，折合成人民币约 809 万元，位居第一。在前 20 名中，中国选手共占 4 位。

（三）电子竞技直播市场

2010 年，YY 直播（虎牙直播的前身）将平台上的直播表演商业化，当年营收就达到了 3600 万元左右。随着直播市场规格越来越大，直播市场也发生了翻天覆地的变化。在市场方面，2017 年中国直播平台的市场规模已达 358 亿元，其中电子竞技直播为 78 亿元；在资本方面，头部游戏直播平台虎牙直播已于 2018 年 5 月在美国纽约证券交易所上市，直播行业内部开始兼并整合，腾讯注资控股多个头部游戏直播平台；在内容方面，《绝地求生》受直播平台欢迎，各个平台争相推出相关自有赛事以提升电子竞技内容竞争力，内容制作公司提升商业业务能力，为广告主供多元化品牌服务；在竞争方面，外部娱乐平台也加入游戏直播行业竞争，如快手成立游戏直播频道并举办优质赛事从而切入游戏直播行业。

1. 电子竞技直播的市场规模：市场规模稳步增长，行业走向正轨

1）中国直播市场

电子竞技直播行业过去几年有较大的增长，根据 the Frost & Sullivan 报道，从 2015 年 7.8 亿元到 2017 年 78 亿元，年均增长率达 340%，同时电竞类游戏营收在直播平台营收占比将从 2017 年的 50.2%增长至 63.3%。这预示着电子竞技有更广阔的增长空间。

2）中国游戏直播市场

得益于平台收入多元化及运营秀场化，中国游戏直播平台[①]的市场规模迅速增长，并将

---

① 游戏直播平台是指超过 70%的直播内容为游戏直播内容的网络直播平台。

持续保持高速增长，预计 2020 年游戏直播用户[①]将达到 246.3 亿元[②]。

3）中国电子竞技直播市场

中国电子竞技直播市场在移动端增长更为迅猛，从 2015 年的 2.85 亿元到 2017 年的 52.2 亿元，增长近 20 倍。据预测，移动端直播仍将以 40%的年均增速增长，到 2020 年将达到 218 亿元。

2. 电子竞技直播平台梯度：直播市场形成双核格局，梯度划分明显

当下的直播市场属于是直播平台的后半场，如果说上半场还是资本间烧钱的战争，下半场就是用户精细化运营、以营收为目的、各平台差异化发展的阶段。目前，平台同层级之间的战争仍然胶着，但是层级划分已经明显，市场上形成了以斗鱼、虎牙为第一梯队，触手、熊猫[③]、龙珠、战旗等为第二梯队的市场竞争格局。在直播领域用户黏性不高的情况下，从 App 渗透率、日活、月活[④]、主播数量及平台内容质量上，斗鱼与虎牙已形成一定优势，在使用时长上领先其他平台。在次月留存率上，虎牙与斗鱼同样位居平台前两名。这说明在用户黏性上斗鱼与虎牙已形成足够的优势。

在开放的直播互动平台里，主播是平台中最受关注的资源，主播所携带的粉丝是平台最重要的生存来源。根据直播观察的数据显示，虎牙和斗鱼在月活主播数及新增主播数等数据上明显高于其他平台，月活主播达 30 万人左右；企鹅电竞、触手直播等移动直播平台在活跃主播数量上高于其他传统平台，而在全职主播（月直播时长>60 小时）则与其他老牌直播平台差异不明显。（注：2017 年数据）

3. 电子竞技直播平台用户数量：直播用户数快速增长，但增长率趋缓

在 2014—2016 年的平台扩张期，由于用户红利尚未释放，早期的用户增长率保持在 60%以上，平台收入的主要驱动来自日活用户的增量。在这个阶段，用户对平台黏性尚未形成，主播是平台吸引流量的最主要资源。因为用户对头部主播忠实度高，所以平台间互相高价挖主播，这就造成主播身价的泡沫形成，最典型的就是熊猫花 3 亿元签下 PDD 五年

[①] 游戏直播用户指每个月至少看过一次视频的用户，包括游戏直播平台的用户及游戏内部直播观众。

[②] 数据来源于艾瑞咨询的《2018 中国游戏直播市场研究报告》。

[③] 2019 年 3 月 7 日晚间，熊猫直播创始人兼 COO 陈菊元在熊猫直播工作群中宣布公司无奈决定以遣散员工的方式为熊猫直播画上句号。2019 年 3 月 8 日，熊猫直播开始关闭服务器。

[④] 日活与月活是指每日与每月活跃在直播平台上的人数，是判断指标平台市场地位的重要指标。

直播合约，虎牙花 1 亿元签下 Miss 三年直播权。进入 2017 年后，直播用户的增长率趋缓，增长率下降至 50%，直播平台营收驱动也从对用户增长的侧重转至对用户付费率和单个用户平均付费额度的重视。

4. 电子竞技直播的用户付费：直播付费用户数和单个用户付费额度的上升，大幅提高了直播平台的收入

用户付费率指的是付费用户在全体日活用户中的占比，单个用户平均付费额度指的是每一个付费用户平均花费的额度。这两个方面的提高靠得不光是对头部主播的挖掘，更是针对用户的精细化运营。

在用户付费率上，我国免费打赏（即打赏免费的虚拟物品）意愿较高，付费打赏意愿较低，仅为 24%。而在美国，有 44% 的游戏视频观看者会对主播进行打赏或付费订阅。从已公布数据来看，2018 年第一季度虎牙直播付费用户数达 340 万人，较去年同期增长 34.9%。随着用户付费意愿的上升，付费率的增长空间还很大。

在单个用户平均付费额度中，据虎牙的数据显示，付费用户的平均收入从 2016 年第四季度的 195.5 元增长至 2017 年第四季度的 248.1 元。单个用户平均付费额度的增加大幅提高了平台的收入。

根据小葫芦榜单数据，在订阅[①]数前 10 000 位的主播中，单个粉丝给主播打赏的金额中超过 91% 的用户打赏金额低于 10 元。出现这种情况的主要原因之一是直播用户打赏行为小额、高频付费，绝大多数用户的绝对打赏金额并不高。

5. 电子竞技直播的内容分布：电子竞技直播是主播的重要收入来源

电子竞技直播已经成为主播的重要收入来源。以 2017 年斗鱼直播为例，其主播收入的前 1000 名中，《绝地求生》占 14%，《英雄联盟》占 8%，《王者荣耀》占 4%。而在主播的所有直播游戏中，《王者荣耀》占比最高，达到 27%，《绝地求生》紧随其后，占比为 22%。

6. 电子竞技直播平台的主播身价

伴随着直播平台产生的粉丝经济极大地改善了电子竞技选手和主播的收入状况。在直播平台兴起之前，选手的收入来源相对单一，主要包括比赛奖金、俱乐部工资和签字费。

---

① 订阅也叫关注，在订阅了某个主播后，主播开播时会有消息推送给订阅者。

而通过直播平台,选手还能通过"粉丝打赏+淘宝店+签约费"的方式进行变现。由于直播平台对优质直播内容的依赖性较强,头部主播的竞争异常激烈,在资本的强势介入下,主播身价水涨船高。这不仅使电子竞技选手的社会地位得到提高,也吸引了越来越多的人投入电子竞技行业中来。更重要的是,缓解了困扰电子竞技赛事多年的变现问题,为电子竞技选手退役后的生活提供了保障。

三、电子竞技用户的规模

电子竞技用户包括电子竞技游戏用户、电子竞技比赛观看用户、电子竞技直播观看用户。电子竞技用户是整个产业链的主要消费端,他们在提供价值的同时获得服务。电子竞技用户的规模能很好地说明当前电子竞技产业的发展现状,从而更深入地认识电子竞技产业。下面以腾讯互娱大数据为主来说明电子竞技用户的市场规模。

(一)电子竞技用户的市场规模

全球电子竞技市场保持增长势头。电子竞技用户能快速达到这种规模,主要是由于电子竞技游戏吸引了大量的新进用户,同时电子竞技赛事建设也逐渐进入多元化和专业化阶段,促进了用户规模的显著增长。2017年,电子竞技用户规模的增长动力主要是以《王者荣耀》为主的电子竞技游戏吸引了大量休闲游戏玩家,而2018年"吃鸡"类战术竞技类游戏及移动电子竞技赛事的发展成为新的用户规模增长动力。后续的电子竞技用户规模增长可能会逐步放缓,进入用户情感培养、商业价值开发和细分运营阶段。

从电子竞技游戏产品的受众来看,各种类型的电子竞技游戏均有受众,市场格局较为稳定。其中,PC端电子竞技游戏产品市场格局已形成,主要以腾讯、网易为两极化呈现,二者深耕PC端游戏市场多年,在整体产品市场上地位稳固。腾讯游戏和网易游戏的PC端市场用户渗透率为93.17%与63.82%,完美世界、世纪天成、电魂网络等游戏研运商的电子竞技产品用户渗透率依次为47.66%、38.59%和27.20%。在移动端电子竞技产品上,头部产品与PC端产品类似,但也有一些其他厂商在移动电子竞技产业刚刚形成时就大力布局,具有一定的先发优势,如英雄互娱和巨人网络。

截至2016年7月中旬,《刀塔传奇》的相关视频在优酷、土豆获得20万人次的播放量,《FIFA Online3》累计观看超500万人次;《英雄联盟》的官方节目《天下英雄》,17天内优酷的播放量便突破 1000 万人次，截止到 2016 年 7 月中旬，点击量超 2 亿人次。2017 年，电子竞技史上首次出现了观赛突破 100 亿人次的赛事，打破了电子竞技史上所有已公布赛事数据记录。

（二）电子竞技用户的基本特征

电子竞技用户虽然规模庞大，但在身份、地域分布、年龄结构、来源、消费意愿、爱好及职业意愿等方面都具有普遍特征。

1. 电子竞技用户的身份特征

就电子竞技用户的身份而言，女性用户占比 24.3%，家长用户占比 28.8%。女性与家长这两个群体，对于游戏领域来说，排在主力之外。但近年来，在一些爆款游戏中，这两个群体占比发生了一些变化，一方面女性玩家与女性爱好者的比例显著上升；另一方面家长人群的行为和观点直接影响下一代对游戏的看法，所以他们的占比上升也会间接地促进电子竞技用户规模的提升。

2. 电子竞技用户的地域分布特征

在地域分布上，以拥有更多的游戏经验和更坚实的电子竞技基础的一线城市用户为主，占比达到 37.52%，二线及更低级别城市的用户逐年增多。

3. 电子竞技用户的年龄结构特征

在年龄结构上，30 岁以下的用户是电子竞技的主要人群，其中 24 岁以下的用户占 26.8%，24 岁到 30 岁的用户占 28.0%。这类人群对电子竞技内容的接受度更高。

4. 电子竞技用户的来源特征

电子竞技用户的来源主要有三个阶段。一是在 2008 年前就开始关注电子竞技的用户，他们主要玩的游戏是《雷神之锤》《反恐精英》《魔兽争霸 3》《星际争霸》等。这一阶段的电子竞技用户是中国电子竞技的骨灰级先驱用户，可称为"青铜时代"的用户。二是从 2008 年至 2016 年期间开始关注电子竞技的用户。在这一阶段，以《英雄联盟》《DOTA2》等为代表的网游大行其道，成熟的电子竞技赛事体系逐渐形成。此阶段用户可称为"白银时代"用户。三是从 2016 年至今开始关注电子竞技的用户。从 2016 年开始，智能手机全面渗透，《王者荣耀》《球球大作战》等爆款手游推出电子竞技职业联赛，吸引了大量的新用户关注电子竞技。此阶段用户可称为"黄金时代"用户。

5. 电子竞技用户的消费意愿特征

在消费意愿上，超过七成的用户愿意为电子竞技赛事付费，其中大部分用户通过网络直播、录播的方式观看赛事。高清画质、去除广告的基础福利，最能吸引用户付费。除此之外，线下场馆门票也是用户的急切需求，热门赛事门票一票难求；电子竞技赛事周边抽奖，也吸引超过两成用户付费，赛事 IP 衍生商品受到用户欢迎。

6. 电子竞技用户的爱好特征

电子竞技爱好者并不都具备刻板形象——宅、玩物丧志，他们也积极参与体育运动，保持良好的生活方式。对比普通人群、电子竞技用户、NBA 与世界杯关注者的日常健身运动情况，调查发现电子竞技用户经常运动的比例为 19%，高于普通人群的 16%。整体而言，电子竞技用户的健身运动频次更高，更靠近 NBA 与世界杯关注者的运动习惯。

除电子竞技游戏外，电子竞技用户跟总体人群的兴趣爱好情况基本相似，影视剧、美食和音乐是电子竞技用户的三大爱好。值得一提的是，电子竞技用户在体育运动、动漫二次元上的兴趣要高于普通人群。

7. 电子竞技用户的职业意愿特征

对电子竞技感兴趣的用户从事电子竞技类工作的意愿较强。在具体职业选择方面，直播平台/内容传播和俱乐部运营是电子竞技用户最想从事的职业，选择这两种职业的用户分别达到了 32.3%和 31.9%的比例，而选择成为黄金期较为短暂但光鲜的电子竞技选手作为职业的用户仅为 19.9%。这说明电子竞技用户对于进入电子竞技行业的了解程度较高，职业选择较为理智。

（三）电子竞技赛事中的电子竞技用户特征

在电子竞技赛事中，电子竞技用户呈现不同的特征，针对是什么原因促使他们观赛、从什么渠道获取观赛信息、喜欢观看什么电子竞技赛事等，不同用户的答案也不太一样。下面以企鹅智库《2018年中国电竞运动行业发展报告》为主，洞察电子竞技用户的个性特征和电子竞技赛事中的用户特征。

1. 用户观赛双向需求

学习技术和支持喜爱的战队/选手成为电子竞技用户观看赛事的两大重要原因，而竞技的"技术提升"与娱乐的"应援"目的，赋予中国电子竞技更多跨界联动发展的可能。值得关注的是，学习技术驱动47.2%的用户观赛，超过支持喜爱的战队/选手。中国电子竞技脱胎于游戏，成熟于游戏氛围，正朝着专业竞技的道路前行。

2. MOBA类电子竞技赛事和职业赛事最受用户关注

从游戏类型来看，《英雄联盟》《王者荣耀》《DOTA》等职业电子竞技赛事吸引着众多用户观赛，为MOBA类赛事提供了用户基础，有76.6%的用户关注MOBA类赛事，48.4%的用户关注排名第二的射击类游戏。

从赛事类型来看，受到用户关注更多的赛事是职业赛事和国际赛事，这反映了用户对于职业和专业化赛事的观看需求。城市赛和校园赛影响力明显要弱一些，但它们具有较大的提升空间。在关注赛事的用户中，有38.5%的用户无固定赛事偏好，他们并不关注赛事的级别，或者对赛事划分没有明确感知，属于某类游戏的兴趣导向用户。

3. 游戏官网成为用户获取电子竞技赛事信息的主要方式

用户获取电子竞技赛事信息的渠道有很多，如电子竞技直播平台、游戏官网、游戏客户端、社交渠道等。其中，游戏官网是获取赛事信息的最主要渠道，占比为52.5%。尽管电子竞技赛事的用户已经比较庞大，但大部分用户通过垂直渠道（如游戏官网、游戏客户端等）来了解赛事信息。

不同年龄段的用户获取赛事信息的渠道也有一些差异，30岁以下的年轻群体倾向于通过直播、游戏官网和游戏客户端获取，而30岁以上的群体则更倾向于通过门户网站和搜索引擎来获取。

4. 休闲娱乐成为业余电子竞技选手参加比赛的主要原因

电子竞技选手也属于电子竞技用户，校园赛、城市赛和企业赛等非职业赛事吸引了众多电子竞技爱好者参与。他们大部分都是业余电子竞技选手，参赛的主要目的是休闲、放松，这部分选手占比达到 57.3%。此外，因为社交需求和提高技术等也驱动他们来参赛。整体来说，休闲、放松是吸引业余电子竞技选手参赛的主要原因。

【本章习题】

1．电子竞技产业的发展因素有哪些？

2．电子竞技产业的发展历史分为哪几个阶段？

3．电子竞技产业链的上游、中游和下游有哪些行业？简要介绍这些行业。

4．说说中国 GDP、中国电子竞技市场规模（游戏市场本身除外）的情况。

5．说说电子竞技用户的特征有哪些。

第三章　电子竞技游戏

【学习意义】

本章主要讲解不同类型的电子竞技游戏，从电子竞技游戏的玩法、意义、发展史、未来的发展趋势四个方面来阐述。

此外，本章还涉及游戏研发与游戏运营，理解了这些内容可以帮助同学们对电子竞技游戏有更全面的认识。

【关键词】

电子竞技游戏类型　　电子竞技游戏研发　　电子竞技游戏运营

【学习目标】

1. 了解电子竞技游戏的不同类型。
2. 了解电子竞技游戏不同类型的发展过程及发展趋势。
3. 理解电子竞技游戏研发的过程。
4. 了解电子竞技游戏的知名研发商和运营商。
5. 理解电子竞技游戏运营的基本知识和技能。

第一节　电子竞技游戏类型简述

一、多人在线战术竞技游戏

多人在线战术竞技游戏的英文全称是 Multiplayer Online Battle Arena，一般缩写为 MOBA。关于 MOBA 类游戏的定义存在不少争议，但是就目前来说无论国内还是国外基本将 DOTA 类[①]游戏与 MOBA 类游戏画等号。现如今，大多数的有关电子竞技游戏的文章都已经将 DOTA 类游戏称为 MOBA 类游戏。可见，MOBA 类游戏已经成为主流的称呼。

（一）MOBA 类游戏的玩法及在电子竞技中的意义

1. MOBA 类游戏的玩法

MOBA 类游戏一般以英雄角色为核心，兼具公平竞技、实时对抗、游戏机制免费等特点。它的竞技模式通常是以 5V5 形式让玩家操控游戏角色与敌方展开对抗，并伴随着地图资源争夺与限制敌方获取资源，目标是摧毁敌方基地或者标志性建筑物。

2. MOBA 类游戏在电子竞技中的意义

MOBA 类游戏对于电子竞技而言，其最大的价值便是公平竞技，这也是其快速风靡全球、占领游戏市场的最根本原因。在 MOBA 类游戏中的每一局比赛都是从新的游戏开始的，玩家在游戏中的竞争力取决于玩家自身的竞技实力，而这也是主导游戏走向的关键因素。区别于大部分游戏的"在游戏中消耗金钱和时间获得游戏的竞争力"，金钱上的投入几乎不会带来 MOBA 类游戏在本质竞争力上的提升。

以《英雄联盟》为例，它在五年内建立了堪称典范的全球电子竞技体系，增加了赛

---

① 即与游戏《DOTA》相似的游戏类型。

区之间的对抗交流，推动了电子竞技全球化的进程，使 MOBA 类游戏受到全球各地粉丝的关注。

（二）MOBA 类游戏的发展

MOBA 类游戏的发展与成长并非一蹴而就的，它是从 RTS 类游戏中慢慢分离出来并形成一个独立的游戏分支后，经历了漫长的发展和改进才逐渐成熟的。通过对下面的 MOBA 类游戏的讲解，可以清晰地看出其发展过程。

下面是按时间顺序列举的几款具有代表性的 MOBA 类游戏。

1.《永恒斗争（Aeon of Strife）》

MOBA 类游戏的起源可以追溯到 1999 年。当年，美国动视暴雪公司发行《星际争霸》并在其中绑定了地图编辑器。一个名叫 Aeon64 的玩家制作了一张名为 Aeon of Strife 的自定义地图，这是一张纯粹的 PVE（即玩家 vs 电脑）地图，地图只有两方势力，一名玩家控制一个英雄与电脑控制的兵团进行激战，地图有三条连接双方基地的兵线，只有将兵线推至对面基地，摧毁对面主基地才算获得胜利。不过由于游戏本身引擎的限制，此游戏没有经验系统和装备系统，野区里没有野怪，技能也非常少，侧重于给小兵升级攻防后靠小兵来战斗，而英雄对赢得游戏胜利的影响力并不大。虽然这张地图非常老旧，且游戏也是单机性质的，但它提出的概念是新颖的，即不用控制繁多的单位，只需要控制一个英雄就可以参与战斗，这在之前是从来没有过的。因此从游戏内容的设定（包括三条电脑控制的连接主基地的兵线、一名玩家控制一名英雄、摧毁水晶获得胜利等）来看，Aeon of Strife 这张地图可以说是奠定了 MOBA 类游戏的基础。

MOBA 类游戏的发展过程如图 3-1 所示。

2.《远古遗迹守卫（DOTA）》

在 MOBA 类游戏完全崛起之前，大多是依赖于即时战略类游戏的，《DOTA》也不例外。2002 年，美国动视暴雪公司发行了一款即时战略类游戏《魔兽争霸3》。这款游戏保留了地图编辑器，玩家们可以在游戏中创作自定义的地图。随后一个叫 EUL 的地图编辑者制作了 Defense of The Ancients（远古遗迹守卫，缩写为 DOTA）的地图。这张地图延续了 Aeon of Strife 中玩家控制英雄在有三条兵线的地图上与对手战斗的设定，但与 Aeon of Strife 不同的是，游戏的对手不是电脑（AI）而是真实的玩家。另外，在这张地图里增加了 5V5 的玩法模式，并且英雄是可以升级的，同时在三条兵线之间加入了许多中立生物（即野怪）。基于这张地图，玩家们也可以制作自己的 DOTA 地图，而且每一个创作者都可以在地图中增加英雄、装备、地图资源或其他的一些防御设施。

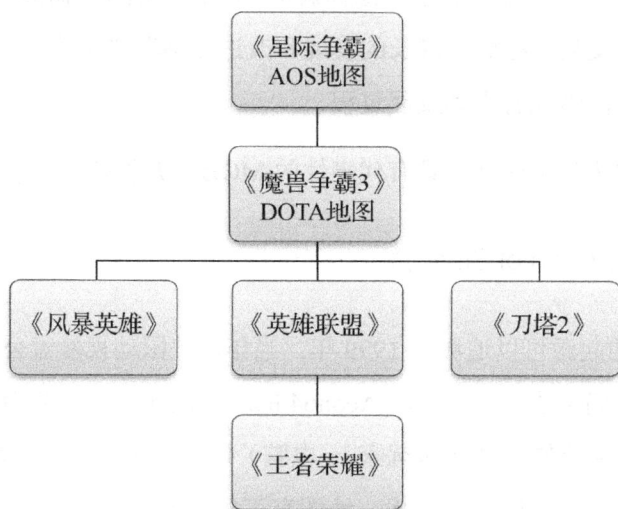

图 3-1

随着玩家们制作出越来越多的 DOTA 地图，一个叫 Steve Feak（后任《英雄联盟》游戏策划）的地图编辑者和 Guinsoo（羊刀，后任拳头公司游戏设计师）一起创作了广受欢迎的 DOTA Allstars（即 DOTA 全明星）。这张地图包含了多个 DOTA 版本中的元素，对当时各种自定义地图中的原创英雄进行了汇集，使之成为一张有着诸多选择但在英雄平衡性上却有所欠缺的地图。正是这张地图使大量玩家自制的地图变成一张统一的地图。随后这张地图获得大量玩家的认可，不断有英雄和战术引入其中，这张地图也被不断更新和维护，并出现稳定的游戏版本和有组织的赛事。DOTA Allstars 为当代 MOBA 类游戏打下了坚实的基础。

即便如此，当时的 DOTA Allstars 仍然只是《魔兽争霸 3》的一个地图而已，这也意味着它完全依赖《魔兽争霸 3》的游戏资源。

2009 年，DOTA 系列地图的受欢迎程度已经超过《魔兽争霸 3》游戏本身。MOBA 类游戏的火热让许多游戏厂商看到了商机，其中一些游戏厂商便开始制作并推出独立的 MOBA 类游戏。

3.《半神》

2009 年 4 月 14 日，一款译作《半神》的游戏出现在大众的视野中，这是第一款借用了《DOTA》概念并独自发售的多人在线联机游戏。《半神》的玩法与《DOTA》基本相似，采用全三维的场景和模型，并且它的玩法非常新颖——英雄的装备都是自己身体的一部分，当英雄升级技能和装备时也在升级自己身体上的挂件。《半神》在很多方面都与《魔兽争霸 3》很像，不过该游戏创作了自己的英雄单位。但是，该游戏遇到了服务器问题，造成很多人不能正常连接游戏，后续也未能很好地解决服务器问题；它还存在英雄稀少、出兵模式杂乱及毫无战术可言等问题。最终，《半神》没能成为一款真正具备影响力的MOBA 类游戏。

4.《英雄联盟》

伴随着早期 MOBA 类游戏的发展，Brandon Beck 和 Marc Merrill 创立了拳头公司，他们同其他人合作，在 2009 年年底推出了一款独立的 MOBA 类游戏《英雄联盟》。当时《英雄联盟》在风格和策划方面和《DOTA》类似，但是它相比同时期的 MOBA 类游戏有太多明显的优点：一是《英雄联盟》有自己的匹配系统和成长系统，玩家不需要像《DOTA》那样，要玩游戏必须去对战平台或者登录美国动视暴雪公司的服务器；二是游戏的成长性增加了用户的黏性，玩的时间越长则经验和金币也会越多；三是《英雄联盟》降低了游戏难度，让新手玩家适应起来更快。除此之外，《英雄联盟》加入了许多原创的内容，明确了英雄的定位、重新设计了英雄属性和道具类别、修改了地图遮蔽规则及弱化了死亡惩罚，这些改动给予了《英雄联盟》非常大的发展空间。

另外，该游戏的收费结构对游戏的发展也起到至关重要的作用，玩家只要下载就可以立即进入游戏，游戏中的部分英雄也是免费的（倘若不想花钱购买付费英雄，就需要完成游戏对局积攒金币购买）。这种模式很快获得巨大的成功，许多此前下载《魔兽争霸 3》的玩家纷纷转向了《英雄联盟》。

5.《刀塔 2（DOTA2）》

2009 年，DOTA Allstars 的首席设计师 IceFrog 加入 Valve 公司，他想要做一款拥有属于游戏自己的引擎，并将《DOTA》中所有的元素都移植到免费的《DOTA2》上。《DOTA2》于 2013 年 7 月在 Steam 平台正式发行，此游戏免费，且不需要购买英雄或者以其他方式解锁英雄。《DOTA2》延续了《DOTA》的经典英雄，完整地继承了《DOTA》中超过一百位的英雄，加上 Valve 公司优秀的引擎资源，《DOTA2》游戏系统和游戏画面更上一层楼。

《DOTA2》特色明显：一是该游戏拥有众多的英雄、装备及技能，易于上手难于精通；二是该游戏设计了全新的系统，在游戏中可以和玩家进行互动交流，指导玩家合成装备及使用技能；三是该游戏整合了语音系统和自动匹配，保证玩家能够享受到高质量的游戏体验；四是该游戏在游戏的平衡性上很出色。

自从《DOTA2》问世之后，PC 端 MOBA 类游戏就基本确定了《英雄联盟》和《DOTA2》两家独大的局面。虽然相比《英雄联盟》，《DOTA2》在用户量上明显不足，但《DOTA2》的用户黏性更强，每年的 Ti 赛事的赛事奖金在所有的电子竞技比赛里最高。

6.《风暴英雄》

《风暴英雄》是由美国动视暴雪公司制作的 MOBA 类游戏，于 2015 年 6 月 3 日正式发行。游戏中的英雄角色主要来自暴雪四大经典游戏，都是有迹可循的，如《魔兽世界》的巫妖王与熊猫酒仙、《星际争霸》的大主教阿塔尼斯与吉姆雷诺、《暗黑破坏神》的大天使泰瑞尔与李敏、《守望先锋》中的狂鼠与源氏等。只要是曾经玩过美国动视暴雪公司游戏的粉丝都能轻松地找到自己熟悉的英雄。

《风暴英雄》与其他 MOBA 类游戏最大的不同便是团队资源机制。不同于《英雄联盟》和《DOTA2》，《风暴英雄》没有补兵、个人经验及个人装备，而是采用了团队资源和团队等级，也就是说英雄的等级受到团队总体等级的影响。《风暴英雄》也没有装备系统，取代装备的是英雄的天赋系统，每个英雄的天赋都各具特色，每隔几个等级，玩家便可以选择一个天赋来提供新的能力或者增强现有的属性。总体来说，《风暴英雄》强调英雄与英雄之间的配合，强调密切的团队合作，玩家与玩家之间共享经验与级别，整个团队的每个队员都非常重要。

7.《王者荣耀》

随着智能手机的普及，许多优秀的 PC 端游戏开始尝试移植到手机上，移动端 MOBA 的概念被提出。早期国内市场也有不少 MOBA 类手游的试水之作，如《自由之战》《刀塔西游》等，而真正将 MOBA 类手游推向市场巅峰的是腾讯在 2015 年 11 月 6 日公测的《王者荣耀》。

《王者荣耀》在操作上将门槛降得极低，如削掉补兵、快捷施法、资源共享、野怪减少等。虽然操作性的降低会带来竞技性的减弱，但这也让《王者荣耀》能被更多的玩家接受。

《王者荣耀》玩法丰富，玩家与玩家之间可进行 1V1、3V3、5V5 等多种形式的 PVP（玩家对战玩家）对战及多种形式的 PVE 对战。在操作性和竞技性上，《王者荣耀》作为手游是无法与 PC 端游戏相提并论的，但它加入了《DOTA2》和《英雄联盟》都没有实现的成就系统。另外，《王者荣耀》短暂的游戏对局、精致的游戏画面、具有社交价值等特点，加上腾讯完善的社交体系和运营能力，使其成为年轻人非常喜爱的一款移动端 MOBA 类游戏。

（三）MOBA 类游戏的发展趋势

当 MOBA 类游戏发展到移动端时，它的竞技性和操作性有所下降，社交性和娱乐性受到了更多的重视。MOBA 类游戏从早期的即时战略类游戏的一张地图开始，经过不断细化与修正，逐渐变成一个独立的游戏类型。《DOTA》与《英雄联盟》的出现，开始让 MOBA 类游戏收获越来越多的玩家，之后众多 MOBA 类游戏的出现占据了游戏市场的主流。当下，MOBA 类游戏的发展趋势有以下几点。

（1）MOBA 类游戏的难度降低。当初，MOBA 类游戏从即时战略类游戏中分离出来的一个重要原因是降低了入门门槛，玩家花更少的时间便能掌握游戏操作。MOBA 类游戏在游戏难度上的降低主要体现在游戏资源的获取变得更轻松、视野机制变得更简单、操作英雄的难度下降。

（2）随着 MOBA 类游戏融入日常生活，玩家对其玩法和理解更加清晰，游戏的节奏也相应变快，而移动端 MOBA 类游戏更快的游戏节奏和更短的游戏时长也符合当代用户时间碎片化的特点。

（3）通信技术的发展和智能手机的普及，解决了 MOBA 类游戏转向移动端在软件和硬件上的问题。以《王者荣耀》为首的手游降低了 MOBA 类游戏的竞技性和操作性，但在社交性和娱乐性上下足了功夫，从而将 MOBA 类游戏的市场进一步扩大。许多新的移动端 MOBA 类游戏玩家或许本身并非 MOBA 类游戏的受众，但移动端的社交性和娱乐性吸引着他们去体验 MOBA 类游戏的魅力。

二、即时战略游戏

即时战略游戏的英文全称为 Real-Time Strategy Game，简称 RTS。它是策略类游戏的一种，脱胎于早期的回合制策略游戏。即时战略类游戏是即时进行的，并且是伴随着战略上谋定的，游戏各方同时进行，继而展开合作与对抗的战略推演游戏。

（一）RTS 类游戏的玩法及在电子竞技中的意义

1. RTS 类游戏的玩法

大家普遍认为的 RTS 类游戏（狭义上的 RTS）通常是带有基地建设与经营、生产单位、消灭敌方单位、模拟战争推演的游戏。玩家在游戏中扮演一个指挥官的角色，运用谋略与技术去战胜对手。成熟的 RTS 类游戏可以用几点要素来概括：资源采集、基地建造、科技树攀升、生产战斗单位与随时爆发的战斗、复杂多变的地形和战争迷雾，其具体内容如表 3-1 所示。

表 3-1

要 素 名 称	详 细 解 释
资源采集	资源采集是发展的基础，无论是建造生产还是研发科技，都需要消耗某些特定的资源。资源采集一般有两种途径，一种是通过工人、兵种之类的单位去采集，另一种是通过占领据点获得
基地建设	通过建设各种建筑与产生兵种将采集来的资源转化成有效的战斗力，建筑与兵种单位可被玩家操控
科技树攀升	建筑有低级和高级之分，作战单位有低级和高级之分，甚至攻击与防护升级都有各种等级。科技树攀升，可使自己的阵营变得强大
生产战斗单位与随时爆发的战斗	玩家可以指挥、调动己方单位去进攻敌方，对手可以是游戏玩家也可以是电脑玩家
复杂多变的地形和战争迷雾	地形多变且复杂，玩家无法确认友军视野之外的区域，需要指派单位探索才可视

通常，RTS 类游戏有以下几种获胜方式。

（1）摧毁所有敌方建筑物。

（2）摧毁所有敌方关键建筑物，若敌方无法在指定时间内重建则游戏结束。

（3）先于敌方完成特殊的任务。

（4）驻守某块领地并在一定时间内获得胜利。

（5）最终杀死敌方领导人或摧毁敌方关键建筑。

2. RTS 类游戏在电子竞技中的意义

RTS 类游戏有着变化多端的全局战术，以及精密复杂的操作上限，在 2000 年左右非常火爆。诸如《沙丘魔堡 2》《魔兽争霸》《魔兽争霸 2》《命令与征服》《命令与征服：红色警戒》《横扫千军》《星际争霸》等都聚集在这个时期。不过随着时间的推移，RTS 类游戏的热度已经降低了很多。《星际争霸》是当时非常受欢迎的 RTS 类游戏之一，该游戏的排位赛系统推动了 RTS 类游戏的多人竞技的发展。另外，RTS 类游戏孕育了最初的电子竞技战队和电子竞技赛事，让人们看到了电子竞技的无限潜力。

（二）RTS 类游戏的发展

按照如今 RTS 类游戏的标准是很难追溯其起源的，这类游戏在英国和美国各自发展，随后统一为一个共同的形态。主流的关于 RTS 类游戏的起源集中在几款游戏上，一款是由 John Gibson 在 1983 年于英国研发的《Stonkers》，一款是由 Evryware's Dave 和 Barry Murry 在 1984 年于北美研发的《The Ancient Art of War》。《The Ancient Art of War》的游戏画面如图 3-2 所示。

就如今对于 RTS 类游戏必需的游戏要素而言，这两款游戏并不是真正意义上的即时战略游戏，因为它们只有即时战斗的系统却不具备资源收集的要素，且没有谋略性，所以只能被称为"实时战争游戏"。有些资料则认为 RTS 类游戏的起源是 1982 年发行的《Utopia》和《Legionnaire》这两款游戏。Intellivision 发行的《Utopia》是两名玩家采集资源并且互相对抗，但是它缺少战斗时的控制；而 Chris Crawford 发行的《Legionnaire》则提供了完整的即时战斗、多变的地形和互助概念，但缺乏资源采集和基地建设概念。

图 3-2

下面介绍账款 RTS 类游戏。

1.《沙丘魔堡 2》

《Utopia》和《Legionnaire》等游戏都只能说是在 RTS 类游戏起源阶段部分相似的作品，而真正意义上的 RTS 类游戏的开山之作则是在 1992 年由西木工作室（Westwood Studios）发行的《沙丘魔堡 2》，它有效地将经营、战斗及策略等交互因素结合起来，并给予玩家洞察一切、支配一切的权力和能力。

《沙丘魔堡 2》是一款根据美国小说家赫伯特的同名小说改编而来的游戏，它的故事背景是一个外星星球沙漠，玩家们在游戏中扮演一个上帝视角的将军，在有限的土地资源下，调兵遣将远征疆土、寻找采集资源、击杀敌方士兵、建设多种建筑单元、想方设法地将敌方的基地摧毁，这样的游戏概念与设定在当时吸引了无数的玩家。不过，由于是早期的 RTS 类游戏，它在许多游戏细节方面并不是很完善。例如，这款游戏一次无法选择大量的部队来发号施令；大部队有时候会卡在大型障碍物前，鼠标指令也不再管用；地图上的建筑物达到上限后，双方都无法再生产新兵或者再建造新的建筑物。尽管《沙丘魔堡 2》有瑕疵，但它里面的各种游戏元素为日后的 RTS 类游戏奠定了重要的基础。《沙丘魔堡 2》游戏画面如图 3-3 所示。

图 3-3

2.《魔兽争霸》

自《沙丘魔堡 2》获得成功之后，此后几年许多同类游戏不断涌现，其中广为玩家们所熟知的《魔兽争霸》系列也正源于此时。1994 年，《魔兽争霸：人类与兽人》（即《魔兽争霸 1》）正式发售，与《沙丘魔堡 2》不同，有了真实鼠标的《魔兽争霸 1》在操作上更加便捷。一年后，《魔兽争霸 2》进一步加强了画面和剧情，同时增加了更多的兵种，其最大的转变就是将移动和进攻的指令从鼠标的左键移到了右键上，从而和选择指令分开，大大降低了误操作的可能性。另外，为了给游戏增加丰富的战术、给玩家带来无法预测的游戏局势，《魔兽争霸 2》加入了"战争迷雾"（即部队或者人物的视野会受限，并且一旦离开就会再次被迷雾笼罩）这个概念。除此之外，玩家们纷纷投入《魔兽争霸 2》还有一个重要的原因是局域网的应用使玩家们可以同步操作并且战胜对手，这远比战胜电脑有趣得多。

《魔兽争霸 3》是美国动视暴雪公司在 2002 年 7 月发行的一款 RTS 类游戏。玩家们在游戏中可以操控四个种族：人类、兽人、暗夜精灵、不死族。《魔兽争霸 3》引入了英雄这个全新的作战单位，英雄通过击杀敌方单位或者中立生物提升等级，每上升一个等级就可以学习或者增强一项技能，不同的英雄技能不同、效果也不一样。除此之外，英雄可以携带物品，物品可以通过攻击中立生物或从商店购买得到。这些物品可以提高单个英雄或整个军团的战斗能力，也可以对单个战斗单位或者整个军团进行传送。《魔兽争霸 3》是第一个在即时战略游戏中提升英雄重要性的游戏，并且为这些英雄赋予背景与故事。

3.《星际争霸》

《星际争霸》是美国动视暴雪公司在 1998 年推出的一款即时战略游戏，它的游戏背景是 26 世纪初，位于银河系中心的三个种族（即人族、神族、虫族）在克普鲁星区争夺霸权的故事。该游戏第一次使用了科技树体系，即科技依附于建筑的不断升级，同时游戏也更加考验玩家对于运营节奏的把控。在游戏战场，玩家可以操纵任何一个种族在特定的地图上采集资源、生产兵力及摧毁对手的所有建筑以取得胜利。当时《星际争霸》拥有三部资料片，但是正式发行的只有《母巢之战》。后续篇《星际争霸 2》以三部曲的形式推出，即《自由之翼》《虫群之心》和《虚空之遗》。

4.《命令与征服》

西木工作室的《命令与征服》系列将真人电影元素与游戏相结合，增加了玩家的现场体验感。1996 年，西木工作室推出《红色警戒》，它是《命令与征服》的分支。一名中国的游戏爱好者对《红色警戒 2》进行改编，在原版游戏的基础上，添加了中国军队和相关的剧情，取名为《红色警戒 2：共和国之辉》，这款改编的游戏曾一度让许多中国玩家以为《共和国之辉》就是《红色警戒 2》。改编后的《共和国之辉》的平衡性出现了严重问题（中国队过强），不过它对中国 RTS 类游戏的推广起到了不可磨灭的作用。

（三）RTS 类游戏的发展趋势

随着电脑硬件和移动端的发展，越来越多的新游戏出现，这些游戏有着更快捷的节奏、更短的游戏时间长、更精美的画面、更华丽的技能等。RTS 类游戏需要更多的脑力投入和长远规划。在最糟糕的情况下，一场战斗可以持续一个多小时，且要求玩家有专注的精神投入。在如今这个快节奏的环境中，RTS 类游戏自然逐渐衰落。不过值得庆幸的是，任何事情都不是一成不变的，RTS 类游戏中的许多元素被大量的游戏研发者所借鉴，融入不同种类风格的游戏中。例如，将即时战略和第一人称射击结合起来的《终极战区》，成为一种新的游戏类型——即时战术。

狭义上的 RTS 类游戏如今已经陷入困境,逐渐衰落下去,但是广义上的 RTS 类游戏却在蓬勃发展。随着经济和游戏市场的发展,玩家们更倾向于以一种轻松、娱乐的心态去体验一款游戏,RTS 类游戏的策略和操作门槛较高,如果玩家不投入大量的精力和脑力就很难取胜,这就使得 RTS 类游戏的受众大幅度减少。广义上的 RTS 类游戏,其核心的经营和战场要素对玩家而言仍然非常有吸引力,这种指挥作战、运筹帷幄的感觉能够让玩家在游戏中体会到前所未有的乐趣,而这点也正被融入当下许多热门的游戏之中。

RTS 类游戏有着自身独特的魅力和优秀的品质,一旦有新鲜的血液注入,它是非常有可能重新获得玩家们的青睐的。首先,需要改变的便是它复杂的操作,过高的门槛限制了 RTS 类游戏新老玩家的热情;其次,RTS 类游戏在宏观上可以突出它的策略性和经营性,深挖战争元素;最后,RTS 类游戏需要进行大胆尝试与探索,与其他类型的游戏结合,研发出在玩法上、策略上更加有趣的新类型游戏。

三、第一人称射击游戏

第一人称射击游戏(简称 FPS),就是玩家们以自己的视角参与射击。FPS 类游戏特别强调身临其境的感觉,有着听觉、视觉等感官的代入。在视觉上,注重视觉技术的运用和视觉效果的呈现;在听觉上,在能让玩家们细微地感受到周围环境的变化(如脚步声、呼救声等)。

1. FPS 类游戏的分类及特点

(1)从自由程度的角度分类,FPS 类游戏可以分为封闭式与沙盒式两种。

封闭式 FPS 类游戏的地图较为简单,地图四周由高墙封闭,地图往往由几条固定的道路构成,路线较为单一,地图及武器构成简单,地图的规模一般也比较小,玩家在有限的空间内进行射击竞技。封闭式 FPS 类游戏的代表作品有《反恐精英》系列、《德军总部》系列、《使命召唤》系列、《DOOM》系列等。

在沙盒式 FPS 类游戏中,玩家可以较为自由地在地图中游戏。地图中没有固定的路线,地图及武器种类繁多,玩家发挥空间大,同时具有一定的战术与观赏性。另外,沙盒式 FPS 类游戏一般带有剧情线索,玩家通过完成指定任务才能到达下一个关卡。沙盒式 FPS 类游戏的代表作品有《战地》系列、《孤岛危机》系列、《狂怒》系列、《孤岛惊魂》系列等。

（2）从游戏结构的角度分类，FPS 类游戏可分为混合式与独立式。

混合式 FPS 类游戏是指在 FPS 类游戏中加入了其他种类游戏的元素（如 RPG、RTS 等），大多数后来自由度高的 FPS 类游戏都采用混合式，如《绝地求生》《守望先锋》等；独立式 FPS 类游戏是指原始定义上的 FPS 类游戏，也就单纯的射击游戏。

2. FPS 类游戏在电子竞技中的意义

FPS 类游戏是电子竞技一个非常重要的分支，带有非常强的竞技性和对抗性。在 FPS 类游戏的发展过程中，《雷神之锤》将团队竞技与 FPS 类游戏紧密结合，开启了多人在线的模式，拉开了 FPS 类游戏进入电子竞技的序幕。此后，《反恐精英》系列在对抗性上增强，将 FPS 类游戏受众面大幅扩大，并迅速产生各种电子竞技赛事。

FPS 类游戏中高强度的枪战对抗、快速的游戏节奏和玩家们在获得胜利后的归属感和胜利感，无一不彰显着电子竞技的魅力。在电子竞技的早期，FPS 类游戏也是电子竞技赛事的"宠儿"，许多大型的赛事都会将 FPS 类游戏纳入比赛项目，如 WCG、ESWC 等著名的电子竞技比赛都曾经将其作为正式比赛项目。如今，FPS 类游戏仍然是电子竞技赛事的常客，如 PGL、好汉杯、CSL、NEA、WESG 等一系列赛事都有《反恐精英：全球攻势》项目。FPS 类游戏正引领着全球电子竞技的浪潮。

3. FPS 类游戏的发展

通常认为，FPS 类游戏的起源是 id Software 发行的《重返德军总部 3D》和《毁灭战士》，这两款游戏确定了 FPS 类游戏的设定和玩法。《重返德军总部 3D》的画面非常粗糙，连人物的脸都看不清楚，但它是第一个将伪 3D[①]、自由射击和第一人称视角结合起来的全新体验游戏。《毁灭战士》的游戏机制在当时是非常优秀的，它拥有丰富的武器系统、多类别的敌人、关卡、3D 效果、高度变化等，并且可以向上或者向下进行射击。玩家在游戏中能看到窗户、梯子、楼道、油桶等障碍物，有了关于地图的层次感的体验，以及更真实的射击感。

---

① 伪 3D，这里是指用二维图像渲染成 3D 图像的技术。

《毁灭战士》发行后的几年中，接连出现了几部十分经典的作品，包括《毁灭公爵》《雷神之锤》《虚幻竞技场》《三角洲部队》等，它们大多是科幻题材或者军事题材。随后，一些反恐题材的 FPS 类游戏也相继问世，如《彩虹六号》《幽灵行动》等。这些作品奠定了 FPS 类游戏的基础。将不同的题材和内容融入其中，给 FPS 类游戏的发展提供了思路，也为 FPS 类游戏在接下来风靡世界打下了坚实的基础。

1996 年，id Software 制作的《雷神之锤》在画面的流畅度和玩家的体验上提升了一个层次。游戏中的世界被创作成三维空间，人物和怪物都是 3D 模型，它是第一款真正意义上的 3D 实时 FPS 类游戏，也正是从这款游戏开始有了 FPS 类游戏的电子竞技类比赛。

在《007 黄金眼》中首次引入了伤害计算的概念：击中敌人不同的部位，敌人会有不同的反应，倘若头部受到攻击，其伤害是最严重的。于是，在 FPS 类游戏中"爆头"便成了体现玩家水平的一个重要标准。

1998 年，由 Valve 研发的《半条命》正式上线，它将完整的剧情和深层次的代入感融入游戏，是第一款拥有完整人物塑造和故事背景的 FPS 类游戏，更是被吉尼斯世界纪录评为"史上销量最佳的 PC 端 FPS 游戏"。值得一提的是，大获成功的 Valve 在网络上公开了《半条命》游戏的源代码，允许玩家对游戏内容进行修改，此后不少的射击类游戏都是在《半条命》的代码基础上研发出来的，如《反恐精英》《军团要塞》等。

《反恐精英》在早期只是《半条命》的游戏模组，它以警匪故事为蓝本，凭借出色的音效和紧张刺激的氛围受到广大玩家的喜爱。后来《反恐精英》变为一款独立的游戏，这点跟《DOTA》的经历有些相似。后来，随着网络的发展和互联网的普及，《穿越火线》在《反恐精英》的玩法基础上进行了技术上的精简，降低了玩家进入游戏的门槛，并打破《反恐精英》的局域网限制，创建了一个独立的网络客户端，玩家只要拥有腾讯的账号就可以登录，并可邀请各个地区的玩家上线体验。

网络的发展让玩家跨地区作战成为可能，硬件的发展则让 FPS 类游戏玩家开始追求深层次的体验。于是类似《使命召唤》的现代 FPS 类游戏开始崭露头角，这些游戏以强大的硬件设施作为支撑，大大增加了游戏的主动性和真实感。例如，《使命召唤》抛弃了此前 FPS 类游戏常用的血条设定，让玩家无法观察到角色具体的生命值，只有通过呼吸和屏幕边角的血迹来观测角色受伤害的程度。

除了上述的 FPS 类游戏，还有《红色派系》《三角洲部队》《虚幻竞技场》等。

4. FPS 类游戏的发展趋势

FPS 类游戏经历了漫长的发展和变革，在 2010 年左右逐步完善并走向成熟，其游戏模式也确定下来，预计未来一段时间不会发生大的改变。目前 FPS 类游戏的发展趋势总体来说有三个方向。

（1）提升 FPS 类游戏自身的硬性指标。随着科学技术的发展，硬件设施提升、网络质量优化，玩家对于 FPS 类游戏的体验度的要求也会相应提高。FPS 类游戏会追求更逼真的画面、更流畅的竞技感、更深层次的代入感。

（2）融入不同的游戏题材与元素。FPS 类游戏题材已经包含许多种类，如警匪、星际战争、大逃杀等，不过游戏的元素和题材是在不断变化的，每过几年就会出现新的游戏模式。游戏研发者也在精心设计着充满想象力的故事。搭配着不同的游戏画风和游戏主题的 FPS 类游戏将带给玩家新的体验。

（3）与其他不同类型的游戏相结合。任何一种类型的游戏在成为一个独立的游戏分支后想要寻求发展，都可以尝试与其他类型的游戏相结合。当然，不是所有的作品推出来就能获得玩家的认可，但也不乏成功的典范，如将 MOBA 类型与 FPS 类型相结合的《守望先锋》、第三人称类型与第一人称类型相结合的《绝地求生》都在游戏市场占据一席之地，FPS 类游戏在这条路上仍有很大的发展空间，目前游戏的类型在不断细化与精分，涌现出来的新类型的游戏都可以尝试与 FPS 类游戏相结合，创造出更具特色的游戏。

四、卡牌游戏

卡牌游戏也被称为纸牌游戏，一般分为两类。一类是非集换式卡牌游戏，它的牌几乎不会更新，玩家们拥有的牌都是一样的，如扑克牌（包括桥牌、21 点、斗地主等）和卡牌桌游（包括三国杀、英雄杀等）。另一类是集换式卡牌游戏，简称 CCG（Collectible Card Game）或 TCG（Trading Card Game）。TCG 是以收集卡牌为基础，玩家将不同主题的卡牌构成自己的牌组，利用各种卡牌的特性与战略搭配，与对方进行对战的卡牌类游戏。集换式卡牌游戏和传统的扑克、塔罗牌等游戏不一样，游戏参与者扮演着游戏背景中的角色，采用回合循环的方式使用卡牌进行博弈，有着非常明显的角色扮演类游戏的特征。

（一）卡牌游戏的特点及在电子竞技中的意义

1. 卡牌游戏的特点

虽然不同的集换式卡牌游戏有不同的规则，但是它们也有一些共同特征。

（1）无论何种游戏，每张卡牌上都会有描述规则的文字，描述这些卡牌的使用条件和效果。

（2）基本上每种游戏都要求玩家拥有一套自己设定的套牌，玩家需要从众多的卡牌中挑选一定数量的牌，相互配合以赢得游戏。这使游戏的对局具有开放性和多元性的特征。

（3）一般来说，使用任何一张卡牌都需要一定的条件，如在《炉石传说》中，每次主动打出一张卡牌必须消耗其左上角所注明的数量的法力。

（4）游戏的基本规则是利用自己拥有的条件，将自己套牌中的牌使用出来，使其产生某种效应，以达成游戏要求的获胜条件。

（5）无论何种游戏，规则如何，都是以回合的方式进行的。同时，卡牌游戏也有着与众不同的回合流程。

重启——让所有的卡牌都成为新回合的状态，如万智牌中的"重置阶段"主要体现在生物和地上。多数集换式卡牌都有相同设计。

抓牌——把套牌中的牌放在手中，而放在手中就意味着这些牌有可能产生效应。

使用——使用手中的牌来影响游戏。

冲突——利用牌手可利用的资源进行战斗，一般来说在冲突中获胜是获得游戏胜利的主要手段。

结束——一般在此阶段，本回合使用的牌产生的效应会终止，牌手会要求弃掉他们手中多余的牌，将手中的牌控制到一定数量。

2. 卡牌游戏在电子竞技中的意义

就现阶段而言，卡牌游戏在电子竞技比赛中尚没有太大的影响力。除了每年的暴雪嘉年华，很少有比赛将卡牌游戏作为固定的比赛项目。卡牌游戏在观赏性和对抗性上不及

RTS、MOBA、FPS 等类型的游戏精彩。不过在 2018 年 5 月 14 日，卡牌游戏《皇室战争》作为表演示范项目之一，正式入选第 18 届亚运会电子竞技表演赛。

（二）卡牌游戏的发展

卡牌游戏的起源很早。相传早在秦末汉初时期，大将军韩信为解士兵思乡之愁就发明了一种纸牌游戏，牌面只有树叶大小，故称"叶子牌"，其玩法与麻将大致相同。随着电子产品的发展，卡牌游戏也从纸牌转向电子游戏。在 20 世纪 90 年代中期，由美国数学教授理查·加菲设计、Wizards of the Coast 公司发行的《万智牌》成为世界上第一款集换式卡牌游戏。

《万智牌》在卡牌游戏的基础上融入了 RPG（即角色扮演）元素，玩家扮演一名叫鹏洛客（Planeswalker，原译旅法师）的法师，用手中的牌组与其他鹏洛客进行战斗。《万智牌》有着明显的集换式卡牌的特点：双方必须有一副牌的组合（即牌组），从自己的牌组中选出不同的牌搭配阵容，并将这些牌放入牌池中，玩家从牌池中随机抽取一定数量的牌，进而设计出独一无二的牌组，使得每场游戏的过程都不相同。

1999 年，一部以日本动漫为背景的《游戏王》问世。由于《游戏王》在漫画和动画上积累了大量的粉丝，一经推出就收获了大量游戏玩家，并创下迄今为止全球销售卡片最多的游戏记录。《游戏王》基于庞大的故事背景，拥有更多的牌组、更多样的卡牌种类、更复杂的进攻方式，场景的变化也更大。

《万智牌》和《游戏王》可以说是集换式卡牌游戏的开山鼻祖，奠定了集换式卡牌游戏的基础。

2005 年，美国动视暴雪公司与 Upper Deck Entertainment 公司合作研发出《魔兽世界》。凭借着《魔兽世界》在游戏玩家心中的分量和美国动视暴雪公司优秀的制作水准，这款可以通过卡牌改变装备属性和能够乘骑魔兽中稀有坐骑的游戏，将卡牌游戏市场推向新的发展高度。卡牌游戏有着碎片化的玩法和简单的操作，非常适合研发成移动端游戏。除自身的天然优势外，卡牌游戏在游戏研发上也相对简单，同时其受众群体也非常庞大。随着智能手机的普及，各种类型的卡牌手游迅速涌入市场。卡牌手游的历史可以分为三个阶段。

（1）平面卡牌阶段。以《我叫 MT》为代表的平面卡牌游戏，采用经典的卡牌战斗方式，融入 RPG 数值成长的玩法，让玩家利用零碎的时间去培养自己选择的角色。这个阶段的卡牌题材相对单一，一般是武侠、三国等题材。

（2）动作卡牌阶段。随着移动技术的发展，卡牌手游也逐渐完成了平面 2D 卡牌、半实体化卡牌完全实体化的转变，卡牌角色动作也更为流畅。以《刀塔传奇》为代表，与传统卡牌相比，《刀塔传奇》用故事作为背景，融入微操模式和立体化战斗模式，增加技能释放行为，还有技能打断、技能组合等玩法，其精细的游戏画面和深层次的代入感让卡牌人物的形象更加逼真。

（3）多元化阶段。这个阶段的卡牌游戏呈现出多元化的特点。一方面是对卡牌游戏本身进行深度挖掘。例如，《少年三国志》在题材上深挖三国历史，将游戏世界设定为英雄少年时代的三国世界；在玩法上对传统玩法进行升级与细化，加入组合技能新玩法；在画面上改进传统卡牌的平面形象，采用立体的游戏画面。另一方面是"卡牌+X"这一类游戏的出现，卡牌+RPG、卡牌+塔防、卡牌+策略等一批新型卡牌游戏迅速涌现出来，代表作品有《拳皇 98 终极之战 OL》《航海王强者之路》《龙珠激斗》。此外，在这个阶段卡牌游戏的题材也逐渐多元化，从武侠、三国逐渐向动漫、端游等题材延伸。

（三）卡牌游戏的发展趋势

卡牌游戏非常注重画面感，同时又有着多元发展的特点。当下卡牌游戏的发展趋势有以下三点。

1. 画面 3D 化

与其他类型的游戏不同，画面是卡牌游戏非常重要且吸引人的部分。随着卡牌游戏在画面方面的不断进步，画面的 3D 化一定会成为当下及未来卡牌游戏的发展方向之一。为了使画面更加精美，甚至 VR 技术也可能会被运用其中。

2. 玩法多元化

一成不变的游戏是很难发展的，卡牌游戏也不例外。目前卡牌游戏处于多元化的进程之中，这种趋势体现为诸多的"卡牌+X"，也就是卡牌类游戏与其他类型的游戏相结合。例如，《红莲之王》在保留 MOBA 战术对抗的前提下，将卡牌集成与英雄技能系统相结合，创造出集换式卡牌 MOBA；《呵呵江湖》在玩法上创新即时制塔防战斗模式；《美人无双》

将轻度玩法与中度、重度战术结合，尝试"卡牌 RPG+策略棋盘"的模式。这样的玩法获得了许多玩家的认可。未来也会有更多的游戏类型与卡牌结合，以增加卡牌游戏的可玩性。

3. 游戏社区化

卡牌游戏带有很强的娱乐性，所以它的社交功能也会被深度挖掘，形成一个交互的社区。基于此，此前许多卡牌游戏尚未涉及的群体就可以被吸引过来，玩家在体验游戏时，良好的沟通交流环境也能增加用户的黏性。

五、其他类别的游戏

本部分主要介绍格斗游戏和体育游戏。

（一）格斗游戏

格斗游戏简称 FTG，是动作游戏的一种，通常将玩家分为两个或多个阵营相互作战，模仿人物或者物体，使用格斗技巧击败对手来获取胜利。这类游戏具有明显的动作游戏的特征，是动作游戏中的重要分支。

1. 格斗游戏介绍

格斗游戏的分支与旁支如表 3-2 所示。

表 3-2

格斗游戏的分支与旁支			
格斗游戏(上一级为动作游戏)	按游戏地图活动范围（公认方式）	2D	
		3D	
		混合渲染（2.5D）	
	其他	模拟格斗游戏	与模拟游戏结合
	按媒介设备	街机格斗游戏	以摇杆作为主要媒介接口
		键盘格斗游戏	以键盘作为主要媒介接口
		体感格斗游戏	以体感设备作为主要媒介接口

格斗游戏的分支与旁支	
运动游戏	是一种早期的分类,认为格斗游戏等于运动游戏,运动游戏是动作游戏的分支。2000 年以后已不再如此分类。

格斗游戏的内部分支一般按照不同游戏地图的"线性或非线性"、游戏人物的"活动范围"进行区别,所以具有 2D、3D 及混合渲染(2.5D)这些类别。这个类别并不代表画面的渲染方法,而是代表游戏人物活动的范围。2D 是指游戏人物只能前、后(相对于玩家是左、右)运动。3D 是指地图以三维立体空间的形式体现,而且游戏人物可以上、下、左、右、前、后六轴自由移动。2.5D 有两种意思:一种是指虽然地图是 3D 的,但是游戏人物的活动范围只有前、后(相对于玩家是左、右);另一种是指地图是线性的,但是人物却可略微横向移动。

2. 格斗游戏的发展

现代格斗游戏具有开创先河意义的作品是在 1985 年发行的《功夫》。《功夫》中每个对手都有独特的外观和战斗风格,游戏中有 16 种动作,其中的许多设定成为后续很多格斗游戏的典范。1987 年,日本游戏软件公司卡普空株式会社推出的《街头霸王》确定了格斗游戏的雏形,后面许多格斗游戏的基本概念都是由《街头霸王》引申而来的,如轻重拳、防御、必杀技、防御和体力槽等。随后《街头霸王 2》的面世拉开了真正意义上的格斗游戏时代的帷幕。《街头霸王 2》是一款对战系统完善的 PVP 格斗游戏,每个角色都有着不同的招数,并且在当时有着最多可供选择的角色。

此后,诸多格斗游戏诞生,但几乎都是在模仿《街头霸王》,直到一家日本游戏制作公司 SNK 在 1993 年推出一款冷兵器游戏《侍魂》,该游戏中充满武士道风格,更加注重兵器的真实感,且在游戏中加入了怒气槽。SNK 公司在 1994 年继续推出《拳皇》。《拳皇》是 2D 格斗游戏时代的经典作品,集合了《饿狼传说》《龙虎之拳》《超能力战士》中的诸多游戏人物,并且加入许多原创的人物,开创了 3V3 的组队战斗模式。《拳皇》有着极强的对抗性、操作性、娱乐性,人物角色绘制精致且都有独立的故事。《罪恶装备系列》则可以视为 2D 格斗游戏的巅峰作品,人物技能多样化,系统和画面方面也极为细致。

当 2D 格斗游戏发展得如火如荼时,3D 格斗游戏也悄然兴起。1993 年首款 3D 格斗游戏《VR 战士》发行,1994 年 3D 格斗大作《铁拳》登场。以如今的眼光来看,当时的这两款 3D 格斗游戏在场景和人物上并不够精致,是 3D 人物模型搭配 2D 场景的伪 3D 模式,但这两款作品开创了 3D 格斗游戏的先河，有着非常重要的启示作用。1996 年，3D 刀剑格斗游戏《魂之利刃》发行，它是真正的 3D 表现方式，在流畅度和动作协调性上有了明显的进步。

当时国内 3D 格斗游戏的代表作是《流星蝴蝶剑》，该游戏中一共可选 20 个人物角色，人物身高、臂长及其他一些细微的差别会造成使用兵器的攻击范围和效果有所差别，其格斗效果非常接近真实的冷兵器格斗。随后格斗游戏进入网络时代，许多闯关与格斗相结合的游戏出现，这个时期的代表作是《地下城与勇士》（简称 DNF）。DNF 以任务引导角色成长为中心，结合游戏副本，重视玩家交互和游戏周边系统；该游戏在角色设计上也比较多样化，有鬼剑士、魔法师、神枪手、格斗家等，每个角色都有各自独特的招式和职业发展方向；DNF 的战斗系统也非常完善，其操作和经典的街机游戏一样，通过键盘输入指令；在对战时有连击的操作评分，完成高难度连击会给玩家带来很大的成就感，从而增加了竞技场上的游戏乐趣。

3. 格斗游戏衰落的本质原因

格斗游戏最火热的时期是 20 世纪 90 年代至 21 世纪初，随后逐渐变成小众的游戏类型。总体来说，格斗游戏衰落的本质原因可以从以下两个方面进行分析。

（1）从格斗游戏的基本特性分析。

格斗游戏基本都是 1V1，节奏极快，其模式一定离不开两个人的对抗，这也是格斗游戏的精髓。但玩家在格斗游戏中没有其他的体验空间，限制了格斗游戏面向更广泛的游戏受众。

在最初的格斗游戏设计中，游戏角色只是被设计为完成一个个独立的动作和招式，如跳跃、下蹲、轻拳、重腿及必杀技等。后来有一些玩家发现，在用某些招式打中对手之后，可以继续释放另一个招式，而对手无法进行防御或者反击，于是就有玩家研究什么招式搭配什么技能能够打出最大的伤害。这是非常复杂的，每个角色自成一个系统，且招数也不同，因此需要大量的时间进行练习。

格斗游戏作为一种观赏性高、竞技性强的游戏类型，有着非常高的上手难度，需要耗费大量的时间。新手玩家与高手玩家之间的巨大差距，阻止了新鲜血液加入格斗游戏。在格斗游戏中，缺乏练习的新手玩家几乎无法战胜高手玩家，新手玩家常被虐杀得很惨，并且这种新手玩家与高手玩家之间的实力差异和高手玩家击败新手玩家的效率超过了大多数的竞技游戏。玩家很难在格斗游戏中体会到成就感，从而降低了竞技游戏的魅力与乐趣。

（2）从游戏环境的变化来看。

格斗游戏的黄金时代是在街机游戏流行的时候。随着街机的衰落，PC 和智能手机成为玩家玩游戏的主要平台。当时街机厅的店家热衷引进格斗游戏，主要因为一场格斗游戏的对决时间一般也就几分钟，盈利较快。如今，节奏过快的格斗游戏逐渐离开了玩家的视野，在 1V1 的格斗游戏中，激烈的对局会把玩家自身的不足放大，非输即赢，战败了便是自己的问题。如此，输的一方就增加了挫败感，而对于赢的一方而言，倘若击败比自己实力弱的玩家，也不会获得太大的成就感。

（二）体育游戏

体育游戏简称 SPG。体育游戏是对现实中各种运动竞技的模拟。这种游戏种类众多，有靠玩家点击频率与节奏取得胜利的，也有像动作游戏一样要求玩家精确操纵的。SPG 的代表作品有《实况足球》、EA 的体育游戏系列、SEGA 的《ESPN 体育》系列等。

SPG 游戏最大限度地满足了玩家对体育的娱乐性要求，为此所有的体育游戏都有一个趋势——就是将球员的真实身份及资料完整地搬到游戏中去，并对每一个球员的各项技术指数做了量化处理。这种利用体育明星的号召力的方式，使游戏更有吸引力。随着 3D 技术的发展，观众的欢呼声、逼真的游戏环境、栩栩如生的比赛画面、精彩的镜头回放为体育游戏增添了更大的活力。

1. 足球类体育游戏：《FIFA 国际足球》

《FIFA 国际足球》是美国游戏制造商 EA 制作的体育竞技游戏，有足联的官方授权。该游戏采用 3D 画面，每一个球星都有自己的特点，玩家可以选择自己喜欢的球队，为夺取世界足球冠军而努力。为了追求体育类游戏的真实性，游戏里雨水和草皮的状况都会影响球员的表现，即使是盘带技术高超的球员也很难在泥泞的草地上有所表现。游戏里还包含碰撞系统，每个球员都会有自己的个人力量统计资料，系统会在球员相撞时计算速度、重量和功率。玩家在游戏中还可以扮演单个球员的角色，通过选择成为一名锋线杀手或一名后防统帅来帮助球队取得胜利。在通常情况下，游戏中每场比赛的时长为十分钟。这些都是为了准确呈现人们看电视时感受到的比赛气氛。《FIFA 国际足球》高度模拟了足球运动中的美学细节，包括球员的假动作、任意球的完美弧线、颤动的球网等。

2. 篮球类体育游戏：《NBA 2K》

《NBA 2K》系列是 2K Sports 于 1999 年研发并发行的电子篮球游戏。此系列的作品有着全方位的 NBA 体验、精致的球员人工智能和招牌动作等特色，用户可以通过细致精确的操作来感受篮球运动的精妙之处，并体会篮球战术及打法之美。

2017 年 2 月，NBA 官方宣布准备围绕着《NBA 2K》系列游戏打造电子竞技团队，正式进军电子竞技领域。他们会和 NBA 的赛事同步安排，代表各自隶属的球队参加《NBA 2K》游戏里的常规赛、季后赛和冠军赛。与现实中的 NBA 赛事一样，NBA 会通过网络和电视广播等媒介报道电子竞技赛事的进展。这些队伍由 NBA 队伍自己组建，每支球队由五名选手组成，和现实的 NBA 赛季一样进行长达五个月的电子竞技联赛。

第二节　电子竞技游戏研发商与研发过程

一、知名电子竞技游戏研发商

游戏研发位于游戏产业链的上游，一般来说游戏研发包括游戏程序的制作、调试等一系列的工作。游戏研发商较为独立，机构形式也简单灵巧，不承担游戏发行失败带来的风险，但是需要将游戏的部分知识产权转让给游戏发行商，同时游戏发行商向游戏研发商支付版税。

研发商与发行商之间的关系主要有三种：一是研发商作为发行商公司的内部组成部分，给发行商提供游戏；二是研发商与发行商属于签约关系，为发行商贴牌（也可叫代加工，指一家厂家根据另一家厂商的要求，为其生产产品和产品配件，亦称为定牌生产或授权贴牌生产），研发游戏；三是研发商作为独立公司，专门为某个平台研发游戏。

随着近年来游戏行业的发展，游戏的研发与发行密不可分。在市场的作用下，不少的游戏研发商被发行商收购，或者游戏研发商自行向产业链下游发展，同时扮演发行商、运营商等角色。下面介绍一些知名的电子竞技游戏研发商。

1. 美国艺电

美国艺电公司（Electronic Arts，NASDAQ: ERTS，简称 EA）创建于 1982 年，是全球著名的互动娱乐软件制作与发行公司，主要进行电脑游戏、游戏机游戏、网络游戏、手机游戏等的研发、出版及销售业务活动。1998 年，美国艺电购下了西木工作室，研发设计出《命令与征服》系列作品。EA Games 是美国艺电最主要的品牌，该品牌旗下主要有动作类、角色扮演类、赛车类、格斗类游戏。美国艺电的知名品牌作品有：EA Sports 的《极品飞车》系列、FIFA 系列、NBA 系列等，EA Games 的《指环王》系列、《中土之战》系列、《荣誉勋章》系列、《命令与征服》系列等。

2. 美国动视暴雪公司

美国动视暴雪公司是一家著名的游戏视频制作和发行公司，同时也是动视暴雪旗下的独立部门。动视暴雪是一家美国游戏研发商、出版发行商和经销商，于 2008 年由美国视频游戏发行商动视公司合并维旺迪游戏后更名而来。目前，动视暴雪是全世界最大的游戏研发商和发行商。美国动视暴雪公司发行了许多经典的游戏作品，如《使命召唤》系列、《毁灭战士》系列、《魔兽争霸》系列、《星际争霸》系列、《反恐精英》系列、《家园》等。

3. 2K Games

2K Games 是一家游戏制作公司，主要制作和发行个人电脑、游戏机和掌机上的娱乐软件，其产品主要是三大类：体育游戏、版权游戏、原创游戏。2K Games 在体育游戏领域有许多知名的作品，如 NBA 篮球系列、MLB 棒球系列、NHL 冰球系列、TopSpin 网球系列等。原创游戏有《文明》系列、《无主之地》《铁路大亨》及《生化奇兵》系列等。2K Games 一直是以战略和复合类型游戏为主的游戏制作公司，从大名鼎鼎的文明系列到生化奇兵系列，让玩家们充分感受到了他们充沛的活力和无尽的创造力。

4. 任天堂

任天堂（Nintendo）是日本一家全球知名的娱乐厂商，电子游戏业三巨头之一，同时也是现代电子游戏产业的开创者，其主营业务为家用游戏机和掌上游戏机的软件和硬件的研发与发行。任天堂创造了许多游戏史上热销的游戏，如《超级马里奥》《塞尔达传说》《精灵宝可梦》。其中，马里奥和宠物小精灵的形象陪伴了大多数中国"80后""90后"的童年，有着非常大的影响力。同时，任天堂还生产和销售家用游戏机和游戏软件，包括像 Game Boy 这种在世界上备受追捧的游戏机系列。

5. 科乐美

科乐美（KONAMI）是日本非常具有影响力的游戏软件商之一，主营业务是家用娱乐软件产品、在线游戏及其他电子娱乐产品的制造和销售。科乐美曾在 20 世纪 80 年代至 90 年代风靡一时，制作了大量 FC 游戏和街机游戏。优秀的作品数不胜数，如《VR 战士》《寂静岭》《魂斗罗》《合金装备》《恶魔城》《实况足球》《心跳回忆》《沙罗曼蛇》《幻想水浒传》《DDR》《游戏王》。《VR 战士》开创了 3D 格斗游戏的热潮，《魂斗罗》与《合金装备》更是第三人称射击游戏中的经典。

6. 卡普空

卡普空株式会社（CAPCOM）是一家成立于 1979 年的日本电视游戏软件公司，成立时原名 "I.R.M."，后在 1983 年各取英文单词 Capsule（胶囊）和 Computer（电脑）中的前三个字母，更名为 "CAPCOM"。该公司以制作动作游戏而闻名，被业内称为 "动作天尊"，在游戏界有着非常重要的位置。其代表作品有《街头霸王》《洛克人》《生化危机》《鬼武者》《鬼泣》《逆转裁判》《怪物猎人》等，游戏涉及家用机、掌机、个人电脑等多种平台。

7. 维尔福

维尔福软件公司（Valve Software，简称 Valve），也称 V 社。目前全球最大的综合性数字发行平台之一 Steam 正是 Valve 研发的游戏平台。在 Steam 平台上玩家可以购买、下载、讨论、上传和分享游戏及软件，无数游戏发行公司在 Steam 平台上发行、更新。由于 Valve 是热门游戏类型 MOBA 类的《DOTA2》和 FPS 类的《穿越火线》的发行商，Valve 被许多玩家所熟知。除了上述两款游戏，《半条命》《军团要塞》《求生之路》等游戏也都是 Valve 的产品。

8. 腾讯游戏

腾讯游戏是腾讯四大网络平台之一，是国内最大的网络游戏社区，其研发的游戏主要有《王者荣耀》《逆战》《枪神纪》《炫斗之王》《众神争霸》等。

9. 网易游戏

网易在 2001 年正式成立游戏事业部，是国内知名的游戏研发与发行公司，其研发的游戏产品有《梦幻西游 2》《大话西游 2》《天下 3》《乱斗西游》《梦幻西游》手游等。

二、电子竞技游戏研发的组织结构

如今电子游戏在生活中随处可见，不少人也想投身游戏行业。想要制作游戏必然需要相应的技术，那么想要从事研发游戏相关的工作、成为真正的游戏人，到底需要什么技巧呢？游戏又是如何研发制作出来的呢？制作游戏需要哪些专业人员呢？下面介绍研发一款电子竞技游戏所需要的最核心的三类人才：策划、程序设计、美术。游戏研发团队如图 3-4 所示。

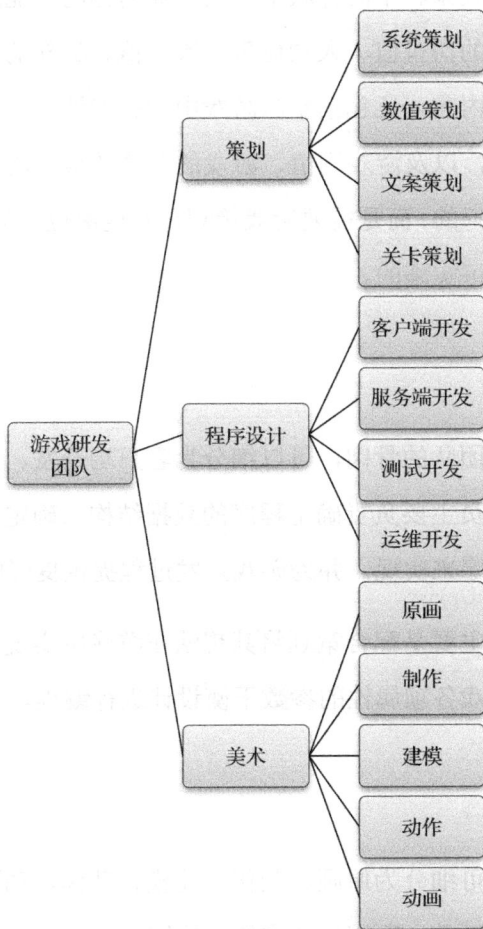

图 3-4

1. 策划

策划是游戏研发团队的灵魂，分为系统策划、数值策划、文案策划、关卡策划等，主要对游戏剧情、背景进行分析设计，对游戏中的各种规则进行描述及公式确定，对各种资料、表格进行维护，对游戏中的特效、动作等进行收集并提出需求，进行 UI 设计及模型相关配置等。

游戏策划贯穿游戏研发的始末。在游戏制作前期，策划起着至关重要的作用，因为前期的决定会引导着游戏产品的走向。策划主要负责游戏制作中每个环节的具体实施步骤与方法，需要对整个游戏制作的进程进行统筹安排。

游戏策划需要对已经确定的游戏进行下一步更深入的整体规划，主要包括游戏宏观背景、游戏人物种族之间的关系、不同种族中不同职业角色的技能属性、不同人物的属性强度等。例如，游戏中武器的伤害值、人物血量、魔法值、战斗的伤害计算公式等都是由数值策划设计的。除了上述内容，还包括整款游戏中的关卡地点、关卡难度、独立生物（怪物、野怪、NPC）的分布，以及游戏剧情、游戏的背景故事、游戏人物对话等。这些工作内容不是只要自己构想就行的，而是需要游戏策划与其他岗位上的工作人员进行仔细沟通，确保策划内容是可行的、可实施的。

2. 程序设计

程序设计是游戏研发团队的骨肉，可以细分为客户端开发、服务端开发、测试开发、运维开发等。程序设计人员主要负责确定程序的数据结构、确定策划方案的完成方法、将策划提出的各种需求用程序来实现，并为游戏开发过程提供良好的编辑工具。

程序设计人员的工作主要是配合策划将其想法在游戏中实现，对游戏所需的画面或功能、游戏本身的关卡、游戏各项属性的参数平衡设计进行编程。

3. 美术

美术是团队的皮肤，可细分为原画、制作、建模、动作、动画等。美术工作者主要负责整个游戏的视觉风格，以及人物模型动作的设计等。

原画工作者负责设定角色，他们会在原画稿上标上注释（包括角色的身高、体重、性格、脾气等），而注释的信息是通过此前游戏策划所写的文案获得的。原画工作者需要将策划最初提供的信息通过纸和笔表达出每个角色的个性，这是艰难但有趣的工作。

2D 工作者大部分的工作是给游戏素描设定颜色，如游戏想表达秋天落叶的景色，那么就需要考虑用什么色调来传递出秋天的寂静、萧条。关于氛围的刻画十分重要，所以 2D 工作者需要不断了解游戏的精髓，花费大量的时间思考图像与颜色之间的搭配与协调，如此才能准确地表达出不同的图所展示的主题。

3D 工作者的工作是制作游戏中的各种三维内容，包括游戏角色、NPC、房子、怪兽、山峰等。这些内容的制作会花费 3D 工作者大量的精力和时间，但可以让游戏变得更加真实、更具感染力。而且就整个游戏行业来说，玩家们对 3D 类游戏非常期待，因此关于 3D 方面的应用技能对制作游戏有关键性的作用。

三、电子竞技游戏研发流程

电子竞技游戏研发流程如图 3-5 所示。下面具体看一下各步骤的内容。

图 3-5

（1）市场调研可以分为三个部分：思考方案、撰写策划草稿、进行市场调研分析并确定可行性。

（2）需求分析需要从策划、程序、美术三个方面分析，列出各自的需求有哪些。

（3）项目开发就是将整个游戏项目的资源通过引擎组织起来，对游戏的架构、功能及各逻辑模块进行充分整合，利用各种开发工具提升效率。

（4）测试发行流程主要包括两次大型正规的测试，即 Alpha 测试和 Beta 测试。其中前者意味着游戏的功能和流程完整，QA 人员会为游戏制订测试计划，测试人员将发现的 Bug 提交到数据库，开发和设计人员对相应的错误进行修复；后者意味着游戏中的各种资源已完成，产品已定型，后期只是修复 Bug。经过这两次测试修复后，会得到待发行的 Release 版（完成版）。

（5）Gold Release 流程主要是开发游戏的各种补丁包、游戏的升级版本，以及官方的各种礼包和插件等。

四、游戏名词

表 3-3 中的游戏相关名词同游戏研发与运营息息相关，了解它们可以更好地理解游戏的研发与运营过程。

表 3-3

CD-key：游戏的序列号或防盗密码	Proxy Server：代理服务器，代理网络用户取得网络信息
BugFree：测试管理平台，是一款基于 Web 的开源错误追踪工具	Ping：从客户端发送数据到服务器，再到接收到服务器反馈数据的时间，以 ms 计，若 Ping 值高则会感觉延迟
ARPPU：付费玩家平均收入	CAC：用户获取成本
RU：注册用户	CCU：同时在线人数
PU：付费用户	PCU：最高同时在线人数
AU：活跃用户	ACU：平均同时在线人数
DAU：平均每日活跃用户	WAU：周活跃用户数量
封测：限定用户数量的游戏测试，用来对技术和游戏产品进行初步的验证，用户规模较小	内测：面向一定数量的用户进行的内部游戏测试，多用于检测游戏压力和功能有无漏洞
公测：对所有用户公开的开放性网络游戏测试	

第三节　电子竞技游戏运营商与运营过程

一、知名电子竞技游戏运营商

游戏运营商一般是指通过自主研发或取得其他游戏研发商的代理权运营网络游戏，出售游戏时间、游戏道具或相关服务为玩家提供增值服务，放置游戏内置广告，从而获得收入的游戏公司。游戏运营商主要负责游戏的运营部分，包括游戏平台的搭建、运行、维护、客户管理等工作，同时运营商还需要创造游戏的增值。

下面来看几个知名电子竞技游戏运营商。

1. 腾讯游戏

腾讯游戏将内部自主研发与外部多元化的游戏运营相结合，以开放式的游戏发展模式进入多个细分的市场领域。腾讯游戏的代表运营游戏是《英雄联盟》。《英雄联盟》的运营在推动全球电子竞技的发展方面起到了重要作用，除了各大赛区的职业联赛，每年还会举办"季中冠军赛""全球总决赛""All Star 全明星赛"三大世界级赛事，形成了完备的电子竞技体系和电子竞技文化。

2. 网易游戏

网易游戏主要经营网络娱乐及相关产业，其在角色扮演网络游戏的自主开发和运营方面有着出色的成绩，诸如《大话西游》《梦幻西游》《大唐豪侠》等游戏都有着不错的品牌效应。网易游戏与国际知名的游戏公司也有着密切的合作，美国美国动视暴雪公司旗下的诸多游戏产品，如《魔兽世界》《星际争霸》《风暴英雄》《守望先锋》《炉石传说》等游戏的运营权都在网易游戏手中。

3. 完美世界游戏

完美世界股份有限公司主要有两大业务模块，分别是完美世界影视和完美世界游戏，该公司旗下运营着国内多款网络游戏，如《完美世界》《武林外传》《完美世界国际版》《诛仙》《赤壁》《热舞派对》《口袋西游》等。作为中国最早进行海外运营的网络游戏公司，完美世界游戏的网络游戏海外出口遍布全球 100 多个国家和地区，同时还拥有维尔福公司旗下《DOTA2》在中国的独家代理权。

4. 盛大游戏

盛大游戏是网络游戏研发商、运营商和发行商，其收入主要来源于玩家支付的游戏费用、网络游戏广告和周边产品。盛大游戏是国内首个收购海外上市游戏公司的企业，先后运营了《热血传奇》《传奇世界》《龙之谷》《传奇永恒》等多款游戏。在移动端，盛大游戏代理了《百万亚瑟王》，自主研发了《热血传奇手机版》。

5. 巨人网络

巨人网络是集研发、运营、销售为一体的综合性互动娱乐企业，因 2006 年发行的一款自主研发的网络游戏《征途》而闻名，此后研发并运营了许多端游和手游，如《江湖》《仙侠世界》《球球大作战》等。

二、游戏运营的目的

游戏行业的竞争是非常激烈的，在经历了端游、页游、手游三个时代后，游戏公司需要根据市场环境和用户需求的变化不断调整策略和方法。怎样才能在风云际会的游戏行业站住脚并发展下去是每个游戏公司都会面临的问题。所谓"打江山难，守江山更难"，游戏运营扮演的就是守江山的角色。一个好的游戏产品被研发出来，没有优秀的游戏运营后续接上，再好的产品也不一定能积累足量的用户。

游戏运营对用户而言是最大化地给用户提供价值，解决用户在游戏过程中遇到的问题；游戏运营对公司而言是尽最大的可能留住用户并最大化输出用户的价值。"用户存留量"和"营收"将直接呈现游戏运营能力的强弱。一种形象的说法就是游戏产品就像刚出生的孩子，游戏运营就像是陪伴孩子成长的人，呵护它、陪伴它，不断引导它茁壮成长，并减缓它走向终点的进程。

任何一款游戏都是有生命周期的，电子竞技游戏的生命周期更短。当一款游戏上线后需要有计划地实施游戏产品的运作策略和营销手段，让玩家对游戏感兴趣，进而了解游戏、入驻游戏，最终为游戏付费，这便是游戏运营。一般来说，游戏运营的目的可以总结为以下三点。

1. 延长产品生命周期，提高用户黏性

根据产品生命周期与市场调研结果，制订版本计划。运营人员掌握着游戏现存的 Bug、玩家反馈、数据报告，能清晰地了解产品所处的生命周期、竞争状况，从而制订延长产品生命周期的版本计划，不断推出新资料、新版本，提高版本体验，让用户保持持久的期待。同时，对已经流失的用户加以研究，了解流失的等级、关卡和原因，为游戏的优化做准备。

2. 润滑每个部门，减少游戏事故的发生

游戏运营是连接研发人员、渠道、市场、玩家的节点，不管哪个节点发生问题，运营部门都要积极沟通、协调配合，以减少游戏事故的发生。例如，游戏 Bug 提交跟进与修正、活动效果跟踪与反馈、支付平台突发事件等。

3. 提高游戏收入

游戏运营最重要的目的是提高游戏收入，即最大化用户的输出。如果游戏中某个服务器的收入相较于其他服务器低，就需要根据该服务器的用户消费数据进行分析，找准用户的消费需求点，开展相关的活动来提高收入。倘若过分追求收入而不顾用户的体验，肯定会使玩家流失。所以，对于游戏运营提升收入而言，最核心的部分在于：如何在满足用户消费体验与促进用户付费之间寻找平衡。

三、游戏运营的组织结构

虽然各部门的工作职能和工作范畴有所不同，但往往都是相互关联的。游戏运营的工作是细致而庞杂的，游戏运营人员也会涉及一些琐碎的工作。根据运营业务范畴的不同，可将游戏运营的工作划分为八个模块，如表 3-4 所示。

表 3-4

活动策划	可以理解为一种与用户完成价值交换的行为手段，能帮助游戏提高收入，需要协调多方之间的关系（包括玩家、产品、KPI 等）。产品本身质量的好坏决定着活动策划能否顺利进行。当活动策划开展后，玩家们的参与度和活跃度关系到活动效果的好坏
数据分析	可以理解成贯穿在活动中，有着帮助决策和事后验收效果的行为手段。数据分析基于数据统计。这些数据包括登录数、活跃数、活跃时段、留存率、付费率等。在获得数据之后，通过数据分析提出相关的游戏版本和活动的优化建议
渠道运营	主要是与各大市场的商务负责人取得联系，洽谈分成、排期、推荐计划，并推动产品上线；在产品上线后，维护渠道论坛与专区，配合渠道做活动与分发礼包等

续表

媒体运营	负责产品官网、自媒体、外部媒体相关的经营管理工作。主要工作有软文撰写投稿、媒体礼包投放、推荐位预约、广告创意设计、软广投放，以及与游戏相关的百度指数、渠道热度、产品形象等。从事该业务的运营人员负责产品外部的宣传和产品的形象，根据产品在不同测试阶段的要求，宣传并执行相关计划。媒体运营人员也被称为媒介
市场推广	监控产品上线后各大市场的下载、登录数据、市场评论，进行各项提升产品排名、市场热度及好评率的操作等
事件管理	处理游戏运营过程中的例行事务与突发事件，如制订开服计划并通知渠道与运维，以及游戏维护提前通知、维护补偿的发放、日常数据异常的监控
玩家管理	根据玩家的付费率、付费金额、VIP等级、活跃度等指标进行VIP玩家管理，收集玩家的Bug建议并择优提交相关人员，跟进Bug解决的进度，确定充值返利的额度与折扣
社区管理	游戏社区是玩家聚集的地方，包括QQ群、贴吧、论坛、公会、游戏盒子等。在这个区域中玩家与玩家之间可以直接交流，所以这里也往往是玩家们抱怨、建议、争论等问题频出的地方。一个好的社区管理员需要做到能处理意见和建议、平息玩家怨气、与玩家友好互动，以及提高社区的活跃、做出社区的特色等。一般而言，游戏社区相关的公会群、QQ群、论坛的热度会直接影响玩家对新游戏的期待值

四、游戏运营的流程

游戏运营可以分为三个部分：游戏测试、用户营销、数据分析。游戏不同于实体产品，实体产品上线之后很难再进行调整，而游戏是可以不断更新调整、优化内容和添加新内容的。对游戏而言，产品上线后会被划分为三个测试阶段：封测期、内测期、公测期。后一个测试阶段是前一个测试阶段工作内容的复制及补充。在整个流程中玩家数量逐渐增多、用户需求逐渐增加。

1. 封测期

封测是封闭式测试的简称，即在很小的范围内进行测试，一般几千人的用户量便可满足封测的需求。这些测试用户会参与游戏的第一次面试，作为在研发期进入的种子用户，他们往往对游戏的忠诚度很高，很可能成为第一批付费用户。封测前期运营要做的事很多，如商务洽谈合作分成、建商务讨论组、准备游戏测试，建立游戏专用交流QQ群、贴吧、论坛，媒介外发软文、宣传游戏创意等。

封测期一般是删档的，所以几千人的测试用户即可。如果用户量太大，那么当大量的用户数据被删除时，会引起很多用户的不满；而如果用户量太小，数据波动又太大，则体现不出游戏的真实数据，无法获得准确的反馈。游戏删档涉及后续处理与补偿，要充分考虑删档用户的感受，要明白作为种子用户，他们的价值非常大。删档主要内容包括：导出测试玩家账号库；将邮件标题、内容、附件等提供给游戏研发部门；研发技术人员直接配置到游戏中，删档用户再次登录游戏，即可领取唯一一次礼包（除了礼包，返回元宝等类似的方式也是可行的）。所以封测期的主要任务是维护第一批玩家的口碑，保持游戏热度，测试出留存率、付费率、平均付费用户收入等运营指标。

2. 内测期

内测期其实就是进行大规模推广。内侧前期是渠道考核产品的重要阶段，渠道难以给予资源（导量）。简单来讲，内测的目的就是向渠道交出满意的答卷，为公测的全面铺开推广打好基础。

在内测前期，媒体运营按广告投放计划进行广告预热，同时渠道也会开放游戏的一些资源（如推荐位、广告位、推送等用户获取方式）来观察游戏的数据表现。如果数据表现好，那么在内测期游戏运营就会持续不断地获得资源；如果数据表现不好，那么资源就会被停掉。渠道运营会按期向渠道申请活动与项目：市场推广进行硬广投放、活动策划开展大范围的活动，以及数据分析计算周期性登录、留存、付费数据等。

3. 公测期

那些内测数据不错、被渠道所重视、被定义为 A 级及以上的产品就会进入公测期。从产品形态角度看，公测产品的完成度很高，问题和 Bug 相对较少；从测试目的角度看，公测期是产品的大规模收割阶段（即赚钱阶段），而不是为了测试产品；从市场的层面考虑，将公测包装成一次事件能够进行大规模的营销和推广工作，以吸引更多的眼球、聚集更多的玩家、获取更多的利润。

游戏公测前往往就已经有了版本的更替，在活动模板、功能、UI（软件的人机交互）上会有较大的调整，渠道排名靠前、曝光度高的游戏能获得更多的下载量与收入。公测的前期非常关键，玩家维护工作也非常冗杂，开服速度与版本更替更加频繁，同时这个阶段也是运营的黄金期。

五、游戏运营所需的个人素质

1. 学习新知识的能力

游戏运营人员既要有丰富的游戏知识，也要有相应的游戏素养，以理解市场中主流游戏的运营模式。此外，游戏运营人员需要一定的游戏经历、游戏年龄，但不能仅仅停留在玩游戏这个层面，还要了解游戏、学习游戏、理解游戏。

除了游戏产品方面的知识，游戏运营人员还需要活跃的思维能力和对整个游戏市场相关信息的掌握，并且可以从庞杂的信息中提炼出"干货"，整理成清晰、有条理的思路。

2. 理解和沟通的能力

运营岗位是连接开发者、渠道、玩家、老板的重要岗位，因此有效沟通非常重要。游戏功能优化、版本更新，需要与策划人员达成共识，策划通过下达需求统领技术人员开发、测试人员测试。此外，渠道方负责的游戏很多，因此表达清晰、语言精练是必要的。

对于游戏运营公司一线职能部门（直接接触并服务于目标用户）与二线后勤部门（满足一线职能部门的各种需求）之间存在的矛盾，非专业人员只给予意见，在专业问题上需由专业人员负责，且最好立刻解决。这也需要良好的理解与沟通能力。

值得注意的是，沟通能力强不是情商高，情商高只能解决对方的配合意愿问题，沟通能力强是把事情说清楚的能力强。

3. 优秀的软件操作能力

运营工作需要依赖 Excel、Word、PPT 等办公软件，这些软件很多人都会用，但用得精的人很少。游戏运营人员常常需要制订简洁的活动计划、整理数据分析文件、撰写软文等，熟练掌握软件操作可以提高工作效率。

4. 业务推进能力

游戏运营人员负责游戏运营进程的推进，需要不断发现问题并解决问题，根据游戏所处的阶段和市场表现调整运营策略。具体包括：理清商业价值、业务流程、系统逻辑；提炼卖点，寻找价值与收益点；拥有全局视野，制订方案并果断执行。

【本章习题】

1．多人在线战术竞技游戏的发展历程是怎样的？（画出图表）
2．电子竞技游戏研发一般会经历哪些阶段？
3．一款完整的游戏的研发过程有哪几个步骤？
4．电子竞技游戏运营的目的是什么？
5．游戏测试中封测与内测的区别是什么？

第四章　电子竞技赛事

通过学习本章内容，能较为全面地认识电子竞技赛事的各方面情况。不仅加深了对以电子竞技赛事为核心的电子竞技产业的理解，还有助于对后续电子竞技赛事策划与管理的扩展学习。

【关键词】

电子竞技赛事　电子竞技赛事的分类　电子竞技赛事的运营　电子竞技俱乐部　知名电子竞技赛事

【学习目标】

1. 了解电子竞技赛事的分类。
2. 了解电子竞技赛事的现状与未来。
3. 深刻理解一场电子竞技赛事是如何完成的。
4. 了解电子竞技俱乐部的发展历程、组织结构和现状。
5. 掌握知名电子竞技赛事的详细情况。

第一节　电子竞技赛事概述

在整个电子竞技产业链中，电子竞技赛事运营商、电子竞技俱乐部、电子竞技场馆都占据重要的位置。电子竞技赛事运营商以组织举办电子竞技赛事为核心，以成功举办赛事为主要目标；电子竞技俱乐部组织管理队员参加电子竞技赛事，以取得优异成绩为主要目标；电子竞技场馆是各类线下电子竞技赛事的容身之处，为电子竞技赛事提供必要的支撑。三者联系紧密又相互促进，从而产生高质量的电子竞技赛事。

一、电子竞技赛事的基本情况

（一）电子竞技赛事的概念

电子竞技赛事尚无权威定义，可以理解为一个特殊节事[①]，是指借助信息技术为核心的各种软件和硬件，以及由其营造的环境来进行的、显示人体智力运动为主的竞争性能力的活动。

从体育赛事的角度来看，电子竞技赛事作为体育赛事的子集，借鉴体育产业[②]的相关范畴，可以将电子竞技赛事概括为电子竞技赛事是运动选手在明确的赛事规程内，基于电子竞技运动的统一要求进行的竞技活动及赛事周边产业的活动总和。

（二）电子竞技赛事的发展过程

1996 年，美国出现了全球最早的电子竞技赛事。1997 年，30 多岁的安吉·穆诺兹创建了职业电子竞技联盟（CPL）。随着国际化发展，CPL 极大地推动了全球电子竞技的发展，

[①] 节事是一个外来的组合概念，是节庆和特殊事件的统称。节庆通常是指有主题的公共庆典，特殊事件可以用来形容精心策划和举办的某个特定的仪式、演讲、表演或庆典，可以包括国庆日、庆典、重大的市民活动、独特的文化演出、重要的体育比赛、社团活动。

[②] 1992 年颁布的《加快第三产业发展的决定》，原国家体委（现国家体育总局）正式提出体育产业的概念。

成为当时全球三大电子竞技赛事之一①。CPL 对中国电子竞技产业的影响很大。2004 年，中国电子竞技选手孟阳就夺得了 CPL DOOM3 的冠军。

1999 年，第一个全球专业的游戏电视台在韩国出现。同年，韩国电子竞技协会成立，并举办了第一个职业化的赛事。2000 年，世界电子竞技大赛在韩国创立，因获得了三星集团稳定的赞助，能够举办长期稳定的杯赛、全球范围的预选赛，并有丰厚的奖金，该大赛在全球各项大赛中脱颖而出，被称为电子竞技奥运会。

中国的电子竞技随世界起舞，经历了起步阶段、探索阶段、爆发阶段及成熟阶段。现在，随着政策支持及越来越多的人关注，中国的电子竞技赛事愈发有影响力。

1. 起步阶段

虽然当前的电子竞技赛事如火如荼，但从起步到现在的时间非常短暂。自 1998 年以来，我国互联网逐步兴起，网吧成为主要的上网场所。在这期间，《星际争霸》《反恐精英》《魔兽争霸》等深受网民喜爱。由于这些游戏具有较强的对抗性，有部分玩家就在网吧中自发组织比赛。此时的比赛缺乏详细的规则和赛事运作经验，更多的是一种自娱自乐。但正由于玩家热爱，民间的比赛氛围越来越浓烈，并逐步由"野蛮生长"向正规化发展。

2000 年，《电脑商情报》主办了"全国星际争霸大赛"，但社会认可度较低。同年，"星际第一人"胡宾国准备举办中国电子竞技娱乐大赛，但最终失败。与此同时，一个由玩家自发组成的组织——中国职业游戏玩家联盟悄然崛起，虽然最终未能发展壮大，但它很早便积极与政府人员接触，并将国外的电子竞技理念在中国传播开来，对中国电子竞技的发展起到了重要作用。

2002 年，由原信息产业部（即现在的工信部）发起的中国电子竞技大会成功举办，它是以电子游戏比赛、展览及论坛为主的综合性活动。同年，上海电视台开播国内首档游戏节目《游点疯狂》，并举办"CS 电视大赛""FIFA 世界杯之夜"等电视游戏赛事。

2. 探索阶段

2003 年，国家体育总局正式批准电子竞技成为我国正式开展的第 99 项运动竞赛项目，

---

① 当时的三大电子竞技赛事分别是职业电子竞技联盟（CPL）举办的赛事、世界电子竞技大赛（WCG）、电子竞技世界杯（ESWC）。

从政策层面打开了电子竞技赛事的发展之门。自此之后，各类电子竞技赛事蓬勃发展。

就在人们憧憬电子竞技赛事未来之时，《关于禁止播出电脑网络游戏类节目的通知》给正在激情发展的电子竞技赛事浇了一瓢冷水。尽管如此，电子竞技赛事仍然在艰难前行，由国家体育总局举办的全国电子竞技运动会在 2004 年 6 月开幕，分别在北京、上海、成都、广州、沈阳、长沙、武汉和西安八大赛区举办。

针对原国家广电总局对电子竞技节目的禁播，为了进行突破，第一个以视频直播为核心的中国电子竞技职业选手联赛（ProGamer League，PGL）于 2006 年举办。此项赛事不仅赛制和赛程有所创新，还有专业的视频技术支持，因而获得了业界的广泛好评。在一定程度上，PGL 是早期电子竞技赛事的一面旗帜。2008 年金融危机爆发，众多赛事纷纷停办，PGL 也不例外[①]。

3. 爆发阶段

2008 年，经国家体育总局整理合并之后，电子竞技成为第 78 项体育项目；随着《英雄联盟》和《DOTA2》等 MOBA 类游戏的火爆，电子竞技赛事的项目逐步从单机向网络转变；随着互联网的发展，游戏直播平台诞生，电子竞技赛事内容不仅能直接传递给广大用户，也解决了变现问题；随着金融危机逐步褪去，各路资本看到了电子竞技产业的发展前景，纷纷布局整个产业链。在政策、社会文化、技术、市场等环境的共同作用下，电子竞技赛事迎来了爆发阶段。

4. 成熟阶段

自电子竞技赛事爆发以后，电子竞技赛事通过稳步发展逐渐进入成熟阶段。DOTA2 的国际邀请赛自 2011 年首次举办以来，其奖金池数额接连创出新高。2015 年英雄联盟 S5 决赛的独立观众数量达到 3600 万人，超越同年美国 NBA 总决赛的平均收看人数。在国内，2014 年在银川举办的世界电子竞技大赛（World Cyber Arena，WCA）成为 WCG 的接棒者；PGL 也在 2015 年强势回归；阿里体育在 2016 年打造了第一届世界电子竞技运动会。

2013 年，智能手机逐渐普及，移动电子竞技兴盛起来。移动电子竞技游戏和赛事逐渐增多，为电子竞技行业注入了更大的活力。

---

① 2015 年，PGL 天王回归争霸赛的成功举办，标志着 PGL 赛事品牌时隔 6 年后的强势回归。

2018 年，《英雄联盟》《Arena of Valor》《炉石传说》《皇室战争》《实况足球》和《星际争霸 2》共六个项目进入雅加达亚运会的表演赛场。中国代表队参加了《王者荣耀国际版》《英雄联盟》《皇室战争》这三个项目，并最终分获两枚金牌和一枚银牌[①]。这标志着中国电子竞技赛事进入了一个新的高峰。

（三）电子竞技赛事与传统体育赛事的共性和差异性

电子竞技赛事是体育赛事的一个子集，与传统体育赛事相比，两者具有共性也有差异性。认识这些共性和差异性，对理解电子竞技赛事及对电子竞技赛事运作都是很有帮助的。接下来从以下几方面来进行分析。

1. 竞技性

竞技性作为体育赛事的核心属性，也是体育赛事区别于其他社会活动的独特属性。体育赛事通过参赛运动员的竞技过程和竞赛结果来达到赛事想要预期达到的经济、政治、文化等目标。电子竞技赛事是通过电子竞技选手或俱乐部在体育规则下进行的竞技赛事。与传统体育赛事相同的是都有特定的时间、场地及参赛人数的限制，以确保赛事公平、公正、公开地顺利举行。差异性主要体现在参赛选手的比赛器械和竞赛媒介。电子竞技赛事的比赛器械为电脑、鼠标、键盘等电子设备，竞赛媒介是虚拟的互联网。同时，两者对于体力与脑力的侧重点也有所不同。

2. 周期性

体育赛事受市场经济的影响，其规模、影响和关注度不断扩大与提升。为了经济利益最大化，协会和联盟赛事策划将各类体育赛事的运作周期化，防止各类赛事出现时间上的冲突，从而影响运动员和俱乐部的参赛计划，以及由于赛事冲突而导致的关注度下降，造成观众分流，使赞助商无法获得更多利益而影响赛事延续性。电子竞技赛事具有同样的诉求。

[①] 在 2018 年雅加达亚运会电子竞技项目中，中国队具体获奖情况：8 月 29 日晚，英雄联盟比赛，中国团队在决赛中战胜韩国队夺得金牌；8 月 26 日，中国自研产品王者荣耀国际版（Arena of Valor）比赛，中国团队全胜夺得金牌；8 月 27 日，皇室战争比赛，中国团队绝地反击 1 穿 4 摘得亚运电子竞技个人项目银牌。

根据周期性可以将赛事分为周期性综合赛事、周期性单项赛事、联赛、临时性赛事。电子竞技赛事项目分类如表 4-1 所示。

表 4-1

赛 事 类 别	周期性综合赛事	周期性单项赛事	联　　赛	临时性赛事
特　　点	影响广度大，容易创建赛事品牌	竞赛水平高，用户黏性好	区域性、项目性强，赛制固定	周期短、规模小、组织灵活
举　　例	WESG	英雄联盟 S 赛	各电子竞技职业联赛	各明星表演赛与挑战赛

3. 独特性

体育赛事和电子竞技赛事都有明确的赛事规程，由赛事组织者进行计划实施。但由于赛事种类多，受规模、场地、水平和参与人数等随机因素的影响，赛事往往会变得复杂和不确定。同样在赛场上选手也会受到环境、观众、对手或裁判的影响，导致比赛中出现突发情况，不过这也是体育赛事的魅力所在。因此伴随着赛事的进行，即使前期赛事策划充分，也无法出现两场完全一样的比赛，这就是赛事独特性的体现。

4. 普及性

像射击、举重等传统体育项目竞技性强，参与的人数却很少。电子竞技和乒乓球一样，对参与者的年龄、性别、身体条件限制较少，对场地要求也较弱。另外，接触电子竞技和观看电子竞技赛事的人群大多为在校大学生。因此，电子竞技在普通人群中普及程度会很高，尤其是在青少年群体中，普及程度会更高。

5. 产业性特征

传统体育赛事不仅需要提供精彩的竞赛，还需要提供给消费者良好的观赛体验和观赛便利等无形服务，但目前服务的观念还不深入。电子竞技是新兴产物，相对起点较高，较为注重为消费者在观赛的同时提供周边服务和线上平台消费。除此之外，两者在政治、经济和文化目的性上基本保持一致。

二、电子竞技赛事的分类

电子竞技赛事的分类方式有很多种，如按赛事规模可分为单项电子竞技赛事和综合电子竞技赛事；按游戏平台可分为个人电脑电子竞技赛事和移动电子竞技赛事；按游戏类型可分为 MOBA、FPS、RTS 等电子竞技赛事；按竞赛影响力可分为国际性电子竞技赛事、全国性电子竞技赛事及地区性电子竞技赛事；按举办地点可分为线上电子竞技赛事和线下电子竞技赛事。下面主要介绍按赛事举办方将赛事分类的第一方赛事和第三方赛事。

1. 第一方赛事

第一方赛事是指由游戏研发商或运营商举办的电子竞技赛事，代表赛事如腾讯主办的英雄联盟赛事、Valve 主办的 Ti 赛等。

第一方赛事具有如下特点：比赛项目都比较单一；头部赛事的奖金池额度高，平均奖金较少；举办的主要目的是推广旗下的电子竞技游戏；由于能在自家的游戏里面进行推广，获客成本①较低，玩家的参与度高、黏性较大；能吸引业内顶级选手参加，赛事的观赏性强、职业化程度也高。

2. 第三方赛事

第三方赛事是指由除游戏厂商外的其他机构主导的赛事，代表赛事如 NEST，I 联赛、WESG 等。

由于电子竞技游戏的研发商和运营商手握版权，第三方赛事需要获得游戏厂商的授权才能举办，这是电子竞技赛事与传统体育赛事不同的地方。一般的第三方赛事影响力与关注度欠佳，赛事获客成本较高，参赛选手的水平可能也参差不一，从而影响赛事的关注度，导致赛事影响力不高。

尽管第三方赛事发展艰难，但它也有自身的优势，如赛事项目可选择当下流行的电子竞技游戏。赛事具有很强的灵活性，这样能一定程度上延续赛事的长久性，更能吸引不同游戏群体用户关注第三方赛事。

---

① 获客成本是指企业开发一个顾客所付出的成本。包括为吸引客户，向客户销售、服务客户及保留客户而花费的各类资源，涵盖花费在宣传促销、经营、计划、服务及营销部门的某些销售活动上的费用。

3. 第一方赛事与第三方赛事对比

第一方赛事与第三方赛事对比如表 4-2 所示。

表 4-2

	第一方赛事	第三方赛事
主办主体	游戏研发商和运营商	除游戏厂商外的其他主体
游戏版权	有	无，需获得授权
赛事奖金	头部赛事的奖金池额度高，平均奖金较少	总奖金池额度较高，平均到单一游戏项目奖金较少
比赛项目数量	游戏项目种类单一	游戏项目种类丰富，一般包含多种电子竞技游戏
主办目的	延长游戏生命周期，扩大游戏影响力和提高付费，与公司运营相协调	企业办赛为了盈利，同时证明自己的赛事运营能力；政府为了发展地区经济、打造电子竞技产业、带动地区电子竞技产业全方位发展
获客成本	能在自家游戏里面进行推广，获客成本较低，玩家的参与度高、黏性较大	影响力与关注度欠佳，赛事获客成本较高
代表赛事	Ti 赛、S 赛、KPL、LPL、各站 Major 赛事等	WCA、NEST、WESG、Sli 杯赛等

三、电子竞技赛事的现状与未来

电子竞技赛事发展到如今是比较成熟的了，虽然也存在一些问题和困难，但要坚信：不管未来的电子竞技赛事如何发展，都会更加美好。

（一）电子竞技赛事的现状

1. 第一方赛事发展得更好

自从电子竞技游戏从单机向联网进化以后，第一方赛事逐渐占据主导地位。从观赛数量、赛事规模、赛事数量来看，当下第一方赛事占据市场主流，第三方赛事的影响力较为有限。

英雄联盟的 S7 总观看次数超过 12 亿次、单场比赛最高观看人数接近 1 亿人，2017

年的 KPL 秋季总决赛单日直播观看量是 2.4 亿次；而 2017 年的 NEST 单日最高同时在线人数超过 600 万人，总观看人数突破 6000 万人。从这些数据可以看出，第一方赛事是要胜出一筹的。

第一方赛事兴起的主要原因在于游戏厂商的支持。厂商主办赛事，优势主要有以下三点。

（1）厂商会不计成本投入电子竞技赛事。厂商可以不计成本地对赛事进行投入，因此在赛事规格、赛事奖金、赛事呈现效果上都超过第三方赛事。因为通过这些赛事，会增加游戏的曝光率和知名度，进而吸引更多的玩家加入游戏与消费，这样就将赛事投入的成本转化为游戏的收益，从而完成一个闭环。虽然赛事本身可能不会盈利或利润率不高，但由此带来的游戏本身的消费足以抵消对赛事投入的成本。另外，赛事还能产生沉淀游戏用户、增加游戏用户的黏性、延长游戏生命力等效果。所以厂商可以不计成本地对自己主办的赛事进行大手笔投入。

（2）厂商手握游戏版权，限制第三方赛事。游戏版权是电子竞技赛事区别于传统体育赛事的重要特征，厂商可以通过"游戏授权"对第三方赛事进行限制和筛选。当第一方赛事和第三方赛事有冲突时，参赛的俱乐部往往会选择第一方赛事，这也会造成第三方赛事的竞赛质量偏低。正是因为对版权的限制，第三方赛事受到的制约较多，市场空间相对狭小。

（3）厂商主办的赛事获客成本更低。厂商拥有千万级别的游戏用户，这些游戏用户是电子竞技赛事的核心观众。通过游戏本身的渠道，厂商更加容易导流①观众到第一方赛事，从而使第一方赛事的获客成本更低。

2. 第三方赛事没落

第三方赛事没落的很大原因在于赞助商撤资。最典型的就是 WCG，由于主要赞助商三星集团不再赞助，WCG 在 2013 年中国昆山举办最后一届后就停办了。总结 WCG 没落的原因主要有以下两个方面。

（1）游戏的迭代。在 2010 年前后，多款优质游戏诞生，游戏机制也从 RTS 转为 MOBA，因此游戏竞技主流也由《反恐精英》《星际争霸》《魔兽争霸 3》等局域网单机游戏转变为

---

① 导流是物联网常用的一个词语，通常是指通过一定的渠道和手段，将用户引导到指定的网页页面或场地。

《DOTA2》《英雄联盟》等网络游戏，拥有游戏版权和用户的游戏厂商在举办赛事上具有独特的优势，第一方赛事变得强势。

（2）WCG 缺乏"造血"能力。赛事的举办及开销需要赞助商的支持，而赞助商也多出于营销或业务协同来考虑赞助，当赛事无法帮助研发商和运营商实现营销价值和发挥协同作用的时候，赞助商便会停止举办赛事。WCG 兴起是背靠三星的 PC、显示器业务，通过举办赛事刺激三星的 PC、显示器的销量。而当 2010 年后三星的 PC、显示器业务线转型的时候，三星就要考虑赛事的回报了，这就导致 WCG 不得不于 2014 年结束赛事。

（二）电子竞技赛事的未来

1. 朝混业经营方向发展

当前，无论第一方赛事还是第三方赛事，其运营业务的利润都较低。因此赛事运营商均向内容及资源整合领域拓展，形成混业经营的局面。在内容领域，主要开拓自身内容，如艺人经纪、IP^①相关内容制作等方面的业务；在资源整合领域，主要是做整合营销、电子竞技营销等方面的业务，这是目前行业内头部赛事运营商的趋势与现状。

赛事运营商具有自身优势，才会向混业经营方向发展。首先，在整合营销方面，由于赛事运营商对接了电子竞技赛事最广的资源，对俱乐部、头部厂商、观众等有着深刻的了解，知晓如何将合适的用户及赛事对接到合适的赞助商、广告商；其次，对于艺人经纪业务，由于举办赛事需要解说、主持人等人员的参与，而优秀的网红艺人也会带动比赛的知名度，因而往艺人经纪领域进发与自身业务形成联动，也全方位补足了办赛的能力；最后，IP 开发则是赛事运营商根据自身赛事资源的二次开发，一方面可以收获一定关注度并盈利，另一方面在于可以反哺赛事品牌。

2. 赛事运营公司的行业壁垒不高

要想运营赛事是相对容易的。赛事运营业务的壁垒较低，行业内有许多从事电子竞技赛事转播、电子竞技赛事运营等偏执行类的小公司，但当前纯赛事运营的利润较低。

---

① 知识产权，是基于创造性智力成果和工商业标记依法产生的权利的统称，英文 intellectual property，简称 IP。这里主要指与赛事有关的、具有自己独特标记的内容，如具有特定规则的电子竞技赛事相关的娱乐节目。

要进阶成为赛事运营头部公司有一定的难度。一方面由于目前厂商赛事资源有限，而有限的头部赛事已被大运营商占领；另一方面第三方赛事品牌又需要多年的品牌沉淀。

3. 赛事运营的未来

与传统体育相比较，电子竞技赛事的商业价值还未被深度挖掘，如版权、电子竞技营销及门票等衍生品收入还有很大的开发空间，大量的优质流量资源被浪费。通过深入挖掘商业价值，来提高赛事本身的"造血"功能，避免脱离厂商或赞助商投资后难以存活的状况；不仅如此，第三方赛事在打造自身优质赛事内容的同时，尽量在厂商对版权等把控的情况下做出突围。这些都是各电子竞技赛事运营商未来的发展方向。

随着电子竞技赛事的影响力越来越大，未来一定会有更多的软件和硬件设施投入赛事中，也会有更多优秀的专业人才加入赛事中，不管从赛事的竞赛水平还是赛事制作水平，都会比肩传统体育赛事。同时，随着市场的发展，也会逐渐沉淀出多层级的赛事运营商，各种档次的赛事由对应档次的运营商来举办。甚至游戏厂商会赞助一些第三方赛事作为第一方赛事的补充，以便辐射更多长尾[①]用户，而到那时，第一方和第三方的界限会逐渐模糊。

第二节 电子竞技赛事的运营过程

一、如何完成一场电子竞技赛事

一场电子竞技赛事不是自动就会生成的，需要多产业联动才可能成功举办。在联动的过程中，需要以电子竞技赛事为核心、各种专业人员共同推动完成。

（一）多产业联动完成一场电子竞技赛事

传统赛事产业链的上下游非常明晰，上游的游戏研发商进行研发游戏并授权赛事的

---

① 长尾也叫长尾效应，是指那些原来不受重视的小量但类型多的产品或服务由于总量巨大，累积起来的量非常客观，甚至超过主流的产品或服务的现象。在互联网领域，长尾效应尤为显著。

举办，游戏运营商代理游戏；中游的赛事运营商承办赛事，电子竞技俱乐部、选手等参与赛事，内容制作方加工、制作赛事内容；最后下游的直播平台和其他电子竞技媒体传送至观众。

1. 多方联动才能成功举办一场赛事

电子竞技赛事需要多方操作才能成功举办，因此进行多方联动是非常必要的。目前，整个赛事产业链是上游厂商推动、中游赛事为核心、下游直播平台宣传的产业链，最终实现更多的用户在游戏里内购消费的产业闭环。

在这个闭环里，任何一方缺失都会给这个闭环造成影响。若缺少上游游戏的研发和运营，就没有电子竞技中的"电子"这个"器材"；若没有中游的电子竞技俱乐部则没有参赛的选手，而中游的电子竞技内容制作也是非常重要的，能使赛事的扩展空间更大；若没有下游的直播则无法将比赛内容及时地传送到线上观众眼前，而其他电子竞技媒体对比赛内容的传播也起到了非常重要的作用。当然，在这个闭环中，赛事的运营是处于核心位置的。

从资金的流向来看，上游的研发商给中游的赛事运营商提供承办费，下游的电子竞技直播给中游的赛事运营商提供版权费，这样才能让赛事运营商有资金运作，办出成功的赛事。而用户是最终的资金提供方，他们在直播平台观看赛事内容的同时进行打赏，给直播平台提供资金；他们在玩游戏的时候内购游戏服务，给游戏研发商和运营商提供资金。

从服务的流向来看，上游的游戏研发商和运营商给中游的赛事运营商和内容制作方提供比赛的具有版权的"电子器材"服务；中游制作了优质的赛事内容，给下游的直播平台提供可供线上观众观看的直播内容，为下游提供优质内容服务；下游的直播平台将赛事内容最终展示给用户观看，提供优质的观看服务。

2. 赛事运营商是电子竞技赛事的枢纽

电子竞技产业链的中游以电子竞技赛事为核心，围绕电子竞技赛事的直接服务商或参与方，包含赛事运营、电子竞技俱乐部等行业。在上游的游戏研发商与运营商对电子竞技赛事授权后，需要有组织机构来负责电子竞技赛事的执行与对接，而负责承担电子竞技赛事的执行主体便是赛事运营商。

赛事运营商是电子竞技具体赛事项目的统筹者与执行者，上游负责对接游戏厂商及赞助商，下游要对接电子竞技媒体、电子竞技直播、内容制作等公司，同时还要对接俱乐部、解说、经纪公司等。所以，赛事运营商是电子竞技赛事的枢纽，以它为核心，多产业联动，最终完成一场精彩的电子竞技赛事。

（二）电子竞技赛事的运营过程

一场电子竞技赛事通常由赛前筹备、赛中实施和赛后收尾三大块组成。在赛前筹备阶段，赛事运营商需要根据赛事资金需求，通过商务开发、引进赞助商等方式筹集需要的资金，并通过宣传部门进行赛事推广；在比赛实施过程中，赛事运营商负责一切活动的开展与组织，如制定比赛的规则、检查设备是否完善和处理竞赛现场的突发状况等；在赛后，赛事运营商需要对比赛进行总结，吸取经验教训，以便将后续的比赛办得更好，同时也要对设备和场地等进行清理、对各方人员进行欢送等各个事项。

1. 赛前筹备

（1）要进行电子竞技赛事可行性研究。

当产生了举办电子竞技赛事的想法后，赛事管理者要确定是否有举办的必要性及可行性。组织举办赛事是要有一定回报的，要考量是否满足经济效益、文化效益及社会效益的回报。另外，在赛事执行的过程中可能会发生各种问题，因此在赛事的可行性研究阶段就要尽量详细地考虑可能遇到的时间、地点、人力与物力资源、技术、政策法规、风险管理等一系列的因素。根据赛事影响力的不同，所涉及的问题也会有所区别，其复杂程度也有所变化。下面是常见的可行性研究阶段会涉及的内容。

- 赛事预期要达到的目的。
- 政府政策、财政、人员支持程度。
- 赛事历史收支记录。
- 计算时间、人力与金钱成本。
- 经费来源。

- 收入计算。

- 从政府、企业、社区或私人可获得的资源。

- 所需网络技术支持。

- 风险管理举措制定。

- 举办时间选择与筹备时间。

- 赛事推广。

（2）要制订赛事计划。

当一场电子竞技赛事的可行性研究通过后，就需要制订赛事计划了。其主要目的是通过制定一套完整的战略部署和可执行文档，以便在赛事实施过程中达到预期的目标。优秀且完备的赛事计划，会提高赛事的执行效率，减少问题出现的概率，并最终提高赛事的质量和回报。电子竞技赛事计划的内容一般包括赛事总体的概念与目标规划、总体工作方案、赞助方案、营销推广方案、竞赛规程、竞赛规则、主题活动方案、场馆的设计规划等。

2. 赛中实施

在完成赛前筹备后，就会进入非常关键的赛中实施阶段。赛事能否真正成功举办，就需要在实施过程中完成计划的各项任务。

赛事管理者需要先确认赛事的总体任务，再将总体任务划分为区域任务下发至各下级部门或个人负责，下级部门或个人针对负责区域制定详细的任务清单和作业内容，以确保赛事任务能够由专门人员精确完成。在赛事实施的过程中，除具体的作业内容外，通过报告、会议等形式进行沟通是确保赛事按计划进行和根据变化进行调整的沟通控制手段。

3. 赛后收尾

电子竞技赛事的赛后收尾工作也是非常重要的，和传统体育赛事的收尾工作非常相似。赛事收尾阶段的主要工作包括：评估和总结工作、固定资产处置、档案工作、财务决算和审计、表彰、奖励及答谢等。在收尾工作完成后，即宣告本次赛事全部结束。

赛后评价是十分重要的，可以运用采访、观察、数据分析、调查问卷、会议反馈等手段进行评价。

在整个赛事过程中，赛事运营的主要职责如表 4-3 所示。

表 4-3

赛 事 过 程	赛事运营的主要职责
赛前	制订赛事计划及预算 通过商务开发、引入赞助商等方式筹集资金 以微博、网页、海报等形式对赛事进行宣传 比赛现场搭建、组织参赛选手报名
赛中	把控赛事各个环节、处理突发情况 按计划完成赛事、产品宣传 确保赛事中整个舞台流程正常有序地进行
赛后	进行赛事视频后期制作，并上传至直播、媒体等传播渠道 赛事完成后撰写赛事总结报告 确认报告与收入

二、电子竞技赛事的人员需求

（一）电子竞技赛事的利益相关方

利益相关方是那些在企业的生产活动中进行了一定的专用性投资，并承担了一定风险的个体或群体，其活动能够影响或改变企业的目标，或者受到企业实现其目标过程的影响。在电子竞技赛事中，专用性投资内容包括人力（如赛事工作人员、志愿者等），物力（如电脑设备、手机设备、电子竞技场馆），财力（如货币赞助），政策支持，以及其他投资（如直播支持）等多个方面。

分辨利益相关方的利益诉求并建立协调机制，尽可能平衡和考虑利益相关方的利益要求，最终做到让赛事成功举办，以及各利益相关方共生共荣、促进电子竞技赛事的行业发展。

下面简单介绍一下电子竞技赛事的利益相关方。

1. 电子竞技游戏研发商和运营商

电子竞技产业链的诞生是电子竞技游戏所带来的，而电子竞技游戏作为产业链的源头，其研发商和运营商是非常重要的电子竞技赛事利益相关方。例如，《英雄联盟》《DOTA2》

和《守望先锋》等皆为美国公司所制作，我国的腾讯、完美和网易则较多扮演运营商或提供电子竞技服务平台的角色。

2. 电子竞技赛事的主办方

电子竞技赛事主办方主要是指有权发起电子竞技赛事活动的单位、机构或个人。赛事主办方作为电子竞技赛事中不可或缺的角色，主要是整合各种赛事资源和进行信息管理优化，将电子竞技赛事的各个要素转化为赛事产品进行输出。第一方赛事的主办方为电子竞技游戏的研发商与运营商，如王者荣耀职业联赛是由腾讯互动娱乐主办的；而第三方赛事主办方多为政府和其他企业，如全国电子竞技大赛的主办方是国家体育总局体育信息中心、世界电子竞技运动会的主办方是阿里体育。

3. 电子竞技赛事的赞助方

赞助是指企业为电子竞技赛事或俱乐部及职业选手提供经费、实物或服务等支持，作为赞助行为的回报赞助方享有某些权利，如冠名权、标志使用权、特许商品销售权或为赞助方提供商业宣传等。

近年来，随着电子竞技赛事的影响力越来越大，不仅传统电子竞技赛事赞助商、外设厂商持续赞助，而且越来越大的传统体育赛事赞助商也加入进来，如雪碧、奔驰汽车及招商银行等。因为这些企业的主要消费人群或潜在消费人群是年轻人群，这与电子竞技赛事的用户群体是非常吻合的。

4. 电子竞技赛事的监管方

一个行业要保证健康的可持续发展，离不开国家相关部门的有力监督。一是因为电子竞技赛事的关注群体以青少年为主，监管部门需要关注青少年的健康成长；二是电子竞技赛事在一定程度上是游戏推广的一个环节，需要监管部门进行审查；三是电子竞技赛事的具体实施过程更需要监管部门来把关。

5. 电子竞技赛事的参与方

职业选手、电子竞技俱乐部、赛事解说、裁判、志愿者和其他工作人员是赛事的主要参与方。职业选手主要是为了赢得比赛，而俱乐部雇用或租用职业选手参加比赛和表演要保障其权利不受侵害；退役的职业选手和专业主播组成的赛事解说负责赛事与赛场之间的转换和调动现场气氛；裁判是赛事公平、公正的保障；志愿者和其他工作人员是整个赛事顺序进行的保障。

6. 电子竞技赛事媒体

电子竞技媒体作为媒介，在传递电子竞技赛事相关信息的过程中起着至关重要的作用。平面媒体与电子竞技赛事的用户重合度较低，拥有话语权的电视媒体由于政策原因又极少报道电子竞技相关信息，故而新兴的互联网媒体成为电子竞技赛事媒体的主力军。网络直播、微博、微信公众号、短视频等都是当下常用的互联网媒体。特别是直播，是当下电子竞技赛事传达到用户的最有力渠道。互联网媒体不仅与电子竞技赛事用户极度重合，而且信息传播效率也是非常高的。

7. 电子竞技赛事的用户

电子竞技赛事的用户是指观看过电子竞技赛事或对电子竞技有一定了解的人群。电子竞技赛事以其特有的魅力吸引着众多的现场观众和媒介观众。电子竞技赛事的观赏价值和娱乐价值是赛事消费者最主要的根本利益诉求。另外，电子竞技赛事还可以为促进人们之间的交流沟通或寻找身份认同等创造平台，这也是电子竞技赛事的主要利益诉求。赛事消费者会对赛事进行"用脚投票"，因此，他们是电子竞技赛事最不可或缺的主体。用户的数量、层次、类型结构及他们与赛事相关的消费水平等是赛事是否成功的关键因素。

对于商业性赛事而言，观众数量直接影响赛事的收入。另外，观众的数量还间接影响媒体和赞助商等利益相关方对赛事的关注度和兴趣，进而影响赛事播放版权和广告权的交易价格。

除了上述的电子竞技赛事利益相关方，还有协会联盟、电竞教育、电竞内容制作等不同类型的利益相关方。电子竞技赛事的利益相关方如图 4-1 所示。

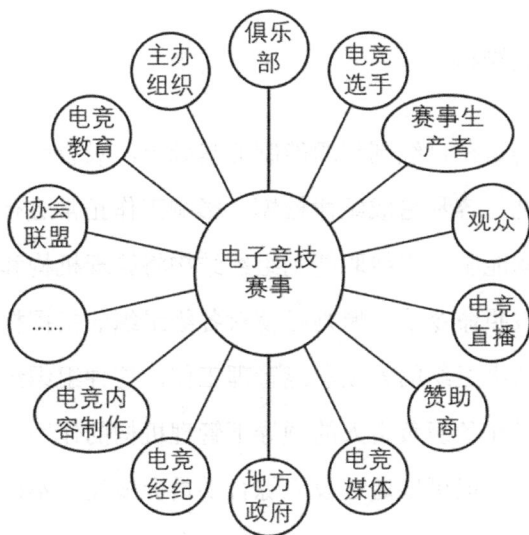

图 4-1

（二）常见的电子竞技赛事组织结构

　　一套完善的赛事计划需要有组织的存在才能进行任务安排，而赛事的实施过程又需要赛事组织去推进完成，因此赛事组织在整个电子竞技赛事进行过程中至关重要。设计一套合理、有效的组织结构对赛事的管理者来说是迫切需要的。电子竞技赛事组织结构主要涉及劳动分工、部门化、指挥链、管理跨度、集权和分权、形式化这六个因素。设计组织结构的作用是为了降低完成赛事任务的复杂性，将复杂的全局任务按照层次分解下发至下级组织，而具体任务将成为每个下级部门需要完成的目标。

　　常见的组织结构有直线制组织结构、直线职能制组织结构、事业部制组织结构、矩阵制组织结构。

1. 直线制组织结构

　　直线制组织结构是最早且最简单的一种组织结构，它的特点是从上到下实行垂直领导，下属部门只接受一个上级的命令，各级主管负责人对所属单位问题负责，不设置职能机构，管理职能由主管负责人自己执行。这种组织结构的优点是结构简单，责任分明，命令统一；缺点是对主管负责人的要求过高，需要其掌握多种知识和技能，在遇到规模较大、项目设置复杂的赛事，将所有管理职能都集中在一人时，是很难胜任的。因此，此类组织结构适合规模较小、项目设置简单的电子竞技赛事。

2. 直线职能制组织结构

直线职能制组织结构是在直线制和职能制的基础上，吸收两者优点建立起来的。职能制存在管理职能秩序混乱、容易造成纪律松懈、影响工作正常进行的显著缺点，因此现有赛事组织一般较少采用职能制。直线职能制组织结构将管理机构和人员分为两类：一类为直线领导机构和人员，按照命令统一原则行使对各级组织的指挥权；另一类为职能机构和人员，按照专业化原则从事组织的各项职能管理工作。这种组织结构的优点是既保证了权力的集中统一，又保证了在各级负责人的领导下管理机构的作用；缺点是各部门的协作性较差，导致工作效率低下，但可以通过设立综合委员会或建立不同赛事会议制度协调沟通各方面工作。

3. 事业部制组织结构

事业部制组织结构可以称为多部门组织结构，是一种高度集权下的分权管理体系，按照赛事中不同的项目或地区设立事业部，每个事业部都有完善的职能机构，在权力关系上表现为"集中决策，分散运作"。此类组织结构的优点是总部领导可以集中精力统筹全局问题，各事业部可以发挥经营管理的积极性，不同的事业部之间也会有竞争，容易培养管理人才；缺点是总部和事业部的职能机构重叠，容易造成管理人才浪费，而事业部经济独立核算也会影响事业部之间的协作。此类组织结构多用在大型官方电子竞技赛事和地区杯赛。

4. 矩阵制组织结构

矩阵制组织结构是在直线职能制组织结构的基础上，增加了一套横向的领导系统，在组织结构上，把职能划分的部门和按项目划分的小组结合起来组成的。管理人员在与原部门保持联系的同时又参加项目小组的工作，项目小组作为临时组织会在完成任务后解散，人员回归原职能部门。矩阵制组织结构的优点在于将结构的纵向和横向关系相结合，配置人员容易发挥各自的特长，便于协作，从而提高任务完成质量，而项目临时划分的小组便于人员流动，增加交流；缺点在于人员隶属于原职能部门，对项目负责人的管理能力和协调能力有着很高的要求。此类组织结构适用于涉及面广、临时性、拥有复杂项目的电子竞技赛事。

【资料】耀宇文化的电子竞技赛事组织和运营流程

以耀宇文化为例，其组织结构为直线职能制，下设市场中心、制作中心、行政部和财务部等。各部门在赛前、赛中和赛后通力协作，每个部门负责的板块非常清晰，保证赛事的顺利、高效进行。

在确定是否承接一场电子竞技赛事前，耀宇文化会由市场中心与赛事主办方进行洽谈，了解赛事需求和赛事版权等问题，之后耀宇文化内部进行讨论，市场中心和制作中心配合制作具体的赛事方案参与赛事竞标，同时进行赛事策划和内部资源分配。（注：大型赛事由于聚焦度高，对于公司品牌形象有极高的曝光度，因此举办大型赛事的竞争十分激烈，主办方会选择"竞标"的方式来选择执行方。）

在招商成功后，市场中心会成立项目组，制作详细的赛事细则和具体的实施方案，制作中心对灯光、舞台、人员组织等进行安排，行政部与场地、网络、酒店、餐饮及其他相关赛事供应商进行合同的审核沟通，财务部配合行政部进行相应的定金支付，并审核项目组的预支款。

在赛事进行时，市场中心要全程参与到赛事中，对赛事的各个环节进行实时把控，遇到突发情况及时处理，确保整个赛事有序地进行。制作中心负责确保赛事中整个舞台流程正常有序地运作。行政部配合赛事组委会负责后勤保障工作，包括准备选手和工作人员的餐饮、住宿等服务。值得一提的是，在此期间，提出需求的甲方厂商也需进行全程监管，并且赛事执行的过程要严格按照官方提供的执行方案进行。

而在赛事结束后，市场中心需要对整场赛事进行总结，并负责赛事举办情况的市场宣传工作。制作中心对赛事视频进行后期制作，并上传至视频网站等播放渠道。行政部和财务部履行与赛事相关的销售、采购等合同，并根据合同条款收款。

（三）成为优秀的电子竞技赛事运营人员

不同公司赛事运营部门的岗位职责有所不同，有些运营部门人员由运营组、执行组、规则组组成，有些还有导播、OB[①]、媒介和商务、品牌运营等。不管什么组织结构或岗位划分，赛事策划和运营执行都是必不可少的。下面主要对电子竞技赛事运营人员的知识背景及技能要求进行简要的说明。

1. 行业知识储备能力

行业知识储备能力包括行业的现状、规模、潜力、基本的流程和操作等，若能了解电子竞技的文化、历史背景则更好。只有这样，才更容易迈入电子竞技赛事这个行业。

2. 创新能力

一成不变的模板式策划容易让受众产生疲劳感，有适当的创新元素会给赛事带来闪光点，也可能会推动行业的进步。创新能力在所有行业中都有存在的必要，而在电子竞技赛事中尤为重要。

3. 商业能力

应该具备一定的商业能力，因为具有商业变现的策划案更能打动商家。良好的商业能力对拓展商务渠道、营造合作共赢的局面是非常有好处的。除此之外，良好的商业能力对商务、品牌运营等也是很大的助力。

4. 沟通能力

对于赛事策划来讲，不应该闭门造车，而是需要收集各种信息和确认各种细节，不断地和各方沟通才能做出合理、有用的策划方案。此外，对媒介和商务等职务而言，沟通能力也尤为重要。

5. 组织协调能力

一个策划方案的最终落地需要不断地去推动，这就涉及组织协调能力。如何让团队紧密合作，有计划、有步骤地完成赛事的各项任务，这就要求赛事执行各方具备良好的组织协调能力。

---

① 在电子竞技中，OB 即观察者，是英文 Observer 的简写。电子竞技游戏有观察者模式，现场解说都是在 OB 位上，可以看到场上所有情况。

6. 外语能力

现在国际化赛事越来越多，日常沟通、媒体宣传、了解国外动态等都少不了对外语能力的需求。虽然有些赛事在实施过程中会邀请具有外语能力的志愿者，但并不能解决全部问题。

7. 需求评估能力

一场赛事会涉及众多利益相关方，而这些利益相关方会提出各种需求，要满足这些需求就要投入不同程度的人力、物力资源。这些需求能否带来价值？是否需要支持？这就涉及需求评估能力，特别是赛事运营的各层管理者，对需求的收集、评估、决断等能力的要求都非常高。

8. 项目管理能力

赛事需要按部就班、根据任务规划来完成。涉及赛事项目的排期、进展情况、里程碑等一系列规划和管理，如果某个环节出了问题，还要及时调整受影响的环节。这些都是非常考验管理者的项目管理能力的。

9. 使用电脑的能力

通常，在整个赛事的不同阶段，各种人员都是需要不同程度地接触电脑的。常见的有Excel、Word、PPT、流程图、思维导图。使用电脑是一项基本技能，能大大提高工作效率。而运营执行人员还要对电脑硬件、电子竞技游戏软件、网络技术等多方面有所了解，甚至精通。

10. 学习能力

要想成为一名优秀的电子竞技赛事运营人员，需要掌握的知识很多，并非每个人天生都懂得这些知识，后天的学习能力才是重点。

在工作的过程中不断学习，以学习促进工作，以工作加强学习。只有不断学习才能适应电子竞技赛事行业的发展变化、提高自己的工作水平，最终成为优秀的电子竞技赛事运营人员。

【资料1】某电子竞技赛事OB的职位描述和任职要求

有较高的游戏水平和段位。

监督游戏内的主、次要时间，掌握全场10名英雄的动向与视角切换。

记录与提供比赛中的经验、经济、走位、团战、野区野怪等资源数据。

通过自己对游戏的理解和OB经验，操作、控制OB视角，将比赛内容较为完善地呈现给观众。

以观察者的身份进入游戏，以旁观者的视角对比赛的内容进行展示。

【资料2】某电子竞技赛事运营执行的职位描述和任职要求

对赛事主营的游戏项目、类型和平台有充分的了解，熟悉赛事的赛制和赛规。

有良好的语言表达能力和沟通能力，能够熟练使用基本办公软件。

工作态度积极主动，有责任心，能抗压，有良好的团队合作精神，执行力强。

能够针对所负责的赛事部分进行充分的赛前准备、赛中执行和赛后评估。

负责主办方与比赛战队、选手的联系，以及赛事日常资料的收集与整理。

三、电子竞技赛事的场地需求

有些赛事的预选赛会选择线上的方式，还有一些具有社交风格的赛事也会选择线上的方式，但线上电子竞技赛事只需要设备连接网络即可进行，可能存在作弊等不公平、不公正的现象。通常有影响力的电子竞技赛事都是在线下举行的，而线下的电子竞技赛事都是需要场地的。

下面简单介绍一下如何选择、设计和使用电子竞技赛事的场地。

1. 选择电子竞技赛事的场地

在选择电子竞技赛事的场地时，一是要根据赛事需要选择聚会式场地或开放空间。聚会式场地是指将观众与参与人员集中在一个封闭的空间或半封闭空间（如电影院、网吧），其特点是赛事在中央区域举行，观众围坐周围；开放空间通常指公园、广场或街区，在开放空间中，其最大特点是人员的自由流动。二是要评估举办地的基础设施建设，评估内容包括供水、燃气、集中供热、公共交通、道路桥梁、排水、防洪、园林绿化、市容环境卫生等传统体育赛事需要评估的内容中的一项或多项，以及对互联网的基础建设的评估。三是要评估赛事场馆的设施条件，如观众容纳数、场馆/场地性质、场馆/场地规模、地理位置等。

2. 设计和使用电子竞技赛事的场地

在选中了具体的电子竞技赛事场地后，首先，要对其进行规划与设计，以便满足赛事的需求。当前专业的电子竞技赛事场馆比较缺乏，小型的电子竞技赛事多在网吧/网咖举行，开放空间如城市广场也常见此类赛事，大型的电子竞技赛事多选择剧院、运动场馆、展览馆等场地。其次，需要根据规划与设计对场地进行实际改造。在这个过程中会涉及原辅材料的购买与使用、施工人员的聘请等具体事项。最后，在赛事举办完成后，需要清理场地、回收原辅材料等。

现在，有一些比较专业的电子竞技场馆，在平常可用于上网娱乐，在电子竞技赛事期间会提供专业的服务。

注：附录 A 中由中国互联网上网服务行业协会发布的《电子竞技场馆运营服务规范》较为详细地说明了相关内容。

第三节 电子竞技赛事的参与方——俱乐部

要举办一场电子竞技赛事，选手是必不可少的。一方面，选手是电子竞技产业中游赛事的重要参与方，他们通常先加入俱乐部，再参加俱乐部的训练，以提高自身的竞技水平；另一方面，俱乐部会带领选手参加电子竞技赛事，并保障选手的正当权益。

一、电子竞技俱乐部的发展历程

电子竞技俱乐部常常被称为战队，是近些年发展起来的新兴事物。按资本与电子竞技俱乐部的关系，可将电子竞技俱乐部的发展分为三个阶段。

1. 俱乐部 1.0 时代

早期的电子竞技是一片混沌的状态，只存在一些业余战队。随着网吧和局域网对战游戏的兴起，一些网吧为了吸引顾客组织了一些小型的业余比赛，游戏玩家出于兴趣爱好自行组队参加，这就形成了业余战队。虽然当初有一些战队存在，但战队的队员并非以参赛获取奖金为目的的，也不将其当作一项事业，更倾向于以娱乐的心态组建战队。真正意义上的职业战队出现在 2001 年，几个 16 岁左右的玩家组建了 China．V 战队。经过训练后，他们开始参加全国范围内的各种线下电子竞技赛事。China．V 战队的出现让很多所谓的电子竞技高手意识到了与职业选手的差距，极大地推动了中国电子竞技的发展。随着电子竞技的逐步发展，WE 战队、EHOME 战队、LGD 战队等相续成立，直到现在仍在电子竞技赛场上散发光辉。

在那个年代，电子竞技赛事还是以第三方赛事为主，电子竞技俱乐部只有雏形，资金投入较少，主要的投资者是网吧老板或"富二代"；俱乐部的队员缺少专业化的培训，绝大多数是在网吧训练，也没有专业的教练指导；另外，那时的赛事偏少，且赛事的奖金也不高，职业选手难以通过参加电子竞技赛事获取稳定的收入，这就导致队员极不稳定，许多战队因为人员流失而解散。

这个时期的电子竞技赛事以《魔兽争霸》《星际争霸》《反恐精英》及《DOTA》等单机游戏为主。

2. 俱乐部 2.0 时代

慢慢地，资本市场和巨头企业开始意识到电子竞技行业的市场潜力，资本开始不断涌入电子竞技行业。2011 年，以王思聪收购快要解散的 CCM 战队，组建 iG 电子竞技俱乐部为标志，随后 OMG 电子竞技俱乐部、VG 电子竞技俱乐部、SNAKE 电子竞技俱乐部、EDG 电子竞技俱乐部等在资本的支持下相续成立。

这个时期，《英雄联盟》《DOTA2》等网络游戏大行其道，第三方赛事开始没落，游戏厂商开始将赛事主办权收回，第一方赛事逐渐代替第三方赛事成为主流；庞大的玩家基数带动了赛事、解说、直播等电子竞技产业的发展。

电子竞技俱乐部联盟在 2011 年成立。该联盟成立的主要目的在于扶持国内职业电子竞技俱乐部的经营，能够让所有的会员俱乐部稳定运营及发展，规范俱乐部运营模式和选手个人行为，保障俱乐部和选手权益。这意味着，随着资本的深度介入，先前电子竞技俱乐部混乱无序的状态变为有序发展了。

当俱乐部有了资金支持后，训练环境也大大改观，知名俱乐部的训练场地由网吧变为别墅。在通常情况下，别墅一层是餐厅、二层是训练室、三层是休息场所，有专门的教练、分析师、厨师为队员提供服务。

3. 俱乐部 3.0 时代

以《英雄联盟》职业联赛体系的建立和完善为标志，更多的传统企业也通过跨界的方式投资俱乐部，布局电子竞技产业。例如，京东在 2017 年 5 月 20 日正式宣布携手原初教育收购 QG 战队，并正式改名为 JDG；苏宁成立了 SNG 电子竞技俱乐部；2017 年 12 月 18 日，B 站宣布成立电子竞技俱乐部"Bilibili Gaming（哔哩哔哩电竞）"，简称 BLG。

此时电子竞技人才的输送及选拔更加规范化，电子竞技俱乐部通过比赛奖金、赞助商投资、直播分成、官方周边、商业活动及联盟补贴的形式，实现了收支平衡。以 GK 电子竞技俱乐部的商业模式为例，GK 的主要收入来源于商业赞助、联盟分成、转会费、直播分成和商业活动。在俱乐部运营方面，通常利用微博增加选手的曝光度，以游戏教学视频节目吸引粉丝。

这个时期，"吃鸡"类移动射击游戏用户群迅速扩大；集换式卡片游戏《炉石传说》的电子竞技赛事越来越有影响力；以《王者荣耀》为代表的移动电子竞技赛事也蓬勃发展。电子竞技俱乐部不断适应新的市场需求，纷纷成立各电子竞技游戏的分部，整个电子竞技俱乐部进入百花齐放的历史时期。

众多一线电子竞技俱乐部从别墅转向豪华基地。以 VG 俱乐部的新基地为例，首先明亮简洁的训练室是必不可少的；其次在训练基地中专门搭建了专业的对战剧场及周边商店，该剧场在开放日时向 VG 的粉丝开放，为粉丝和选手交流提供了一个很好的平台。除此之外，还有休息室、直播间、健身房等。

二、电子竞技俱乐部的组织结构

电子竞技俱乐部发展到现在，已经具有相对完善的组织结构，主要包括赛训团队和运营团队两个部分。一个电子竞技俱乐部，训练出色的队员参加知名电子竞技赛事并获取赛事名次是重中之重，但对于自负盈亏的商业型俱乐部来说，运营推广和赛事训练一样都是俱乐部构成的一部分，二者相辅相成，缺一不可。

（一）赛训团队

现在国内较为大型的俱乐部都拥有若干支战队。每支战队里又包含了队员、领队、战队经理、教练，有的战队还配备数据分析师和心理辅导师。

1. 队员

队员是电子竞技俱乐部的核心，整个赛训团队就是围绕提高队员的竞技水平而运转的。队员的训练是非常艰苦的，很多俱乐部的队员每天坚持 11 个小时的训练，并且很少有假期。表 4-4 是 QG 战队在微博上公布的自家日程表。

表 4-4

时 间	事 项
9:00	起床
9:00—10:00	洗漱、早餐、抵达赛训室
10:00—12:00	复盘、单排训练
12:00—12:30	午餐
12:30—13:30	午休
13:30—14:00	热身
14:00—17:30	训练赛
17:30—19:00	晚餐、休息
19:00—23:00	训练赛
23:00—24:00	复盘
24:00—01:00	返回基地、洗漱、收手机
01:30 前	进入睡眠

2. 领队

领队是和队员们朝夕相处的人。在日常工作方面，要负责每天的接队训练；要提前安排好训练计划，并记录每一场训练赛的数据；若是比赛日，需要和主办方协调日常食宿，提前通知队员比赛期间的上场时间和比赛房位置变更；有时候还要对队员进行心理辅导，以减缓队员在比赛中和日常训练中的压力。

在外出比赛时，领队几乎一人扛起队伍的"后勤"工作。因此领队必须是一个心细的人，能够面面俱到。同时，领队还要配合战队经理和教练完成其他方面的工作。

很多俱乐部希望招聘有工作经验的领队，甚至是毫不吝啬地直接高价挖人，这是因为一位优秀的领队会认识其他各战队的领队，方便接队[①]，这是非常重要的。

3. 战队经理

战队经理要负责的事情比较多，整支队伍在运营上的问题都会涉及。每个俱乐部的战队经理的职责大同小异。部分战队需要经常和国外有关方面对接，所以战队经理需要一定的外语语言基础。以 EHOME 战队为例，战队经理的工作主要包括：

- 外出比赛和赛事主办方的对接沟通；
- 和其他俱乐部的对接沟通；
- 选手转会的相关事宜；
- 代表俱乐部签订选手合同、参加联盟会议等常务。

4. 主教练和助理教练

主教练对战队的风格影响颇深，在挑选队员时，会建议战队经理挑选什么样的选手，以及该聘请哪些分析师；主教练对战队的风格非常了解，也对哪些选手符合他的标准了然于心。助理教练能帮助主教练搜集信息，如选手的优点和劣点、对于当前一些热门组合的应对之法等。助理教练常由退役选手担任，专注于提高实力的部分且对某些英雄或比赛方面颇有经验，是未来的主教练。

---

① 接队，即接队训练。安排与高水平的战队一起训练，对提高队员的竞技水平很有帮助。

5. 数据分析师

现在比赛越来越复杂，难于把胜负归结为一点，所以要多方面提高队员的竞技水平，数据分析师就是为此而存在的。有时候，教练也会兼职数据分析师。具体来讲，如在 MOBA 类游戏中，数据分析师需要考虑反制对手的阵容，或者如何使用新英雄；再如要及时了解各大赛区的最新动态、侦察出潜在的威胁并且加以剖析。数据分析师往往能紧紧抓住战术意图，对于比赛了解很深，对新英雄、新阵容观察仔细。

另外，在 MOBA 类游戏中，数据分析师会努力寻找最佳的阵容配置、不同英雄的组合、搭配不同的装备及对比产生的不同效果。他们也会挖掘最有用的装备及最精妙的眼位，并不时比较常规眼位带来的效果、研究如何高效地布置眼位及根据阵容控制视野，这能帮助主教练更好地理解眼位的重要性。

6. 心理辅导师

心理辅导师是运动心理专家。职业比赛的高压负荷往往会使选手产生一定程度上的不良心理反应，如 OMG 的 Uzi 曾因为年轻气盛屡屡在赛内外发生心理崩盘的状况。心理辅导师这种队医的角色犹如春风细雨般浇灌着年轻选手们的心田，帮助他们走出阴影、突破瓶颈，有时还能在工作人员与选手之间搭起一座沟通的桥梁。

（二）运营团队

小型的俱乐部会有一个媒介运营，每天发布战队动态和对外宣传，而大型的俱乐部运营团队的主要组成部分为包括媒介运营、文案编辑、摄影师、视频编导、视觉设计、画师等在内的内容推广团队。

1. 媒介运营

媒介运营主要负责俱乐部各个自媒体渠道（如微博、微信公众号等）的日常更新。除此之外，和其他媒体进行对接也是媒介运营的工作内容，如对俱乐部的新闻采访、专题制作等。媒介运营是一个很有趣的职位，每天都能和广大粉丝互动，也能接触到各种电子竞技媒体。

2. 文案编辑

作为俱乐部的文案编辑，优秀的文笔是必要的。另外，还要熟悉游戏的各种术语、知识、历史、各种"梗"及选手特点，这样才更容易挖掘优秀的话题。如何才能让文案更吸引人，如何熟练地运用好各种"梗"，如何让文案引起广泛的讨论，如何避开不必要的争论，如何帮俱乐部和选手做好推广宣传，如何在必要的时候保护选手……这些都是一个优秀的文案编辑在撰写文案过程中需要注意的问题。

不断学习新知识也是文案编辑的素养之一。以 EHOME 战队为例，在 2015 年重组时该战队只有《DOTA2》项目，文案编辑只需要对《DOTA2》熟知即可，但随着俱乐部的发展，逐渐开设了《CS:GO》《守望先锋》等项目，文案编辑也就需要对这些游戏有所了解。即使不喜欢某款游戏，但也要保持对工作认真的态度，坚持学习，这才是公司真正需要的人才。

3. 摄影师和视频编导

摄影师和视频编导要求熟悉各类摄影摄像技术，熟练使用视频制作软件和图片处理软件。其主要工作内容是跟踪拍摄战队的生活与比赛、制作游戏比赛精彩视频、包装俱乐部视频栏目等。

摄影师作为队伍跟拍，要求能够在平常生活中与队员建立和保持良好的关系，最好能与队员打成一片，这样才能更方便地长期去采访和拍摄。《英雄联盟》《DOTA2》和《CS:GO》等竞技类游戏都有强大的观战系统和录像系统，视频编导作为视频制作者，要熟悉和善于利用这些游戏内置功能。

4. 视觉设计和画师

视觉设计和画师主要负责俱乐部宣传资料和其他产品的设计，如宣传海报、渠道版面装修、赛事配图、战队人物形象的包装设计等，以及一些周边产品的设计和配合媒体内容的需求等。

上述四类俱乐部运营团队的工作人员，除了本身的专业技能，最重要的一点就是要深入了解游戏。此处的了解游戏不是会玩游戏或段位有多高，而是对游戏的相关知识特别熟悉，这样才能产出高质量的内容。

除了媒体内容，有些俱乐部还拥有自己的周边产品团队、电商团队、商务团队。这些团队都是以俱乐部盈利为目的而存在的，是俱乐部赖以生存和持续发展的保障。

三、电子竞技俱乐部的现状

（一）电子竞技俱乐部有很大的成长空间

在电子竞技行业中，电子竞技直播、电子竞技赛事为当前的主要环节，分别占有整个行业38%和30%的份额。随着电子竞技直播行业洗牌基本完成，背靠资本的头部平台瓜分了明星主播与流量，电子竞技俱乐部与电子竞技内容制作公司开始吸引资本加注。据统计，自2017年1月至2018年6月初，吸引到大额投资事件的中国电子竞技俱乐部不到10家，但总融资金额在上千万元至亿元级别的电子竞技直播平台就有15家。由此看来，电子竞技俱乐部还有非常大的成长空间。

成长空间除受资本影响外，上游的游戏厂商也至关重要。上游的游戏厂商对电子竞技行业拥有十足的把控力，在很大程度上可以左右整个行业未来的走向及利益分配。

（二）电子竞技俱乐部并未建立真正的公司法人治理结构

权力制衡机制可以说是法人治理结构的精髓所在，是一种权力的制约与平衡的制度，其核心是权力责任的对等。用责任去制衡权力是最积极的正面制衡措施，不仅可以防止某一方权力过大，而且有利于工作效能的最大化。但我国职业电子竞技俱乐部并未建立真正的公司法人治理结构。

电子竞技俱乐部的法人治理存在的问题主要有三点：一是产权结构集中，法人治理结构的制度设计没有发挥应有的各司其职、共同保证俱乐部的稳定运行的作用；二是各组织机构职能分工不明确，具体表现为俱乐部组织机构人员重叠现象严重，不相容岗位由同一人担任，决策机构、执行机构、监督机构并没有严格区分开来；三是外部权力制衡机制较弱，就目前而言，职业电子竞技俱乐部最有效的外部治理结构是政府、俱乐部联盟和研发商对俱乐部起到的制约作用，其中研发商是当前对俱乐部最有影响的。

（三）电子竞技俱乐部存在的问题

1. 电子竞技俱乐部的发展环境有待改善

电子竞技从在国内诞生之初，就被社会误读。缺乏政府关注和投入，缺乏媒体正面报道，这些外部因素都严重制约着电子竞技的发展。然而时代在不断变化，国家层面的体育部门、教育部门等都出台了相应的政策支持；2018 年雅加达亚运会夺冠、iG 夺冠等事件让社会环境不断改变；传统资本纷纷进入电子竞技俱乐部，各地电子竞技馆如雨后春笋拔地而起。

诚然，相比传统的体育俱乐部，电子竞技俱乐部还有很长的路要走，大环境的改变从来不是一蹴而就的，电子竞技俱乐部也需要不断提升自身来影响外部环境。

2. 电子竞技俱乐部还未找到链条完整的盈利模式

电子竞技本身还没有形成完整的产业链条，俱乐部也在不断摸索、不断提高自身的"造血"能力。如何商业化运作、怎样处理商业化和队员训练之间的关系都是亟待解决的问题。

电子竞技俱乐部多为大公司的战略布局，其早期收入模式为单一的流量变现。发展到现在，电子竞技俱乐部的收入主要来自游戏厂商、品牌商及电子竞技用户，其盈利模式渐渐转变成赞助商、直播、赛事奖金、商演活动，以及销售周边产品等多种渠道。

3. 电子竞技俱乐部职业化程度有限

俱乐部职业化处于整个电子竞技的突出位置，职业俱乐部作为电子竞技最重要的组成部分，其职业化程度可以说等同于电子竞技的市场化程度。目前大多数俱乐部并没有成文的俱乐部内部管理规定，一切都是按照总经理的意志办事，包括队员训练的规定也只是简单的几行字。大部分俱乐部对自身的管理都没有形成文字形式的制度，而是更重视赞助合同、运动员合同等。这些俱乐部依然还停留在组织形式的初期，距离要达到的更高层次的职业俱乐部还有很长的一段路要走。

4. 电子竞技俱乐部的从业人员素质可进一步提高

管理的核心是人，电子竞技俱乐部的管理核心就是电子竞技的从业者。目前国内电子竞技俱乐部的从业人员普遍素质不高，基本都是退役转型选手或者其他年纪比较小的人员。俱乐部管理者自身管理水平有限是制约俱乐部职业化的最大障碍。

俱乐部管理者的素质水平基本就是整个电子竞技运动从业者的缩影。目前国内大多数职业电子竞技俱乐部的管理者来源主要有两类，一是电子竞技爱好者，他们首先发起组建战队，然后慢慢形成俱乐部并成为管理者；二是一部分退役的电子竞技运动员。这两类人群的共同特点就是年龄小，都是从学生时代开始从事电子竞技运动的，没有经过俱乐部管理等相关知识的学习，而职业化俱乐部管理经验也是近几年才积累起来的，可以说水平比较低。在俱乐部运作方面大家都是在不断摸索中前行，致使俱乐部职业化发展缓慢、职业化程度不高。

针对俱乐部从业人员素质方向的问题，有些俱乐部逐步从外部引进人才，这是一个好的发展方向。

第四节　知名电子竞技赛事

一、英雄联盟全球总决赛

英雄联盟全球总决赛每年一个赛季，简称 S 赛（S 是 Season 的缩写，表述赛季的意思）。它是英雄联盟最盛大的比赛，是英雄联盟所有赛事中含金量最高、竞技强度最大、知名度最高的比赛，代表着英雄联盟的最高荣誉，奖杯为"召唤师杯"。

除 2011 年第一届比赛的举办时间较早外，后续基本都在每年 10 月或 11 月开赛。该赛事由拳头游戏主办，历经入围赛、小组赛、八强赛、半决赛、决赛五个阶段，持续时间大致为一个月。

全球共 13 个赛区，每个赛区根据规模和水平决定其在总决赛当中的名额。最终，只有每个赛区职业联赛中的顶尖战队才有机会参加英雄联盟全球总决赛。

自 S1 以来，S 赛逐渐成长为全球知名度非常高的电子竞技赛事之一，奖金池也再创新高，S7 总奖金池达到 4600 万美元。据 Esports Charts 公布的观赛数据，S8 从 10 月 1 日到 11 月 3 日，观赛人数达到 2 亿人，平均每场观众超过 4000 万人，而在这些观众中，中国观众所占比重尤为突出。

中国一直深度参与英雄联盟全球总决赛，S7 在中国举办，但中国战队没有在本土杀进决赛；S8 在韩国举办，经过奋勇拼杀，中国的 iG 战队终获冠军。另外，后续的 S10 仍然会在中国举办[①]。

二、DOTA2 国际邀请赛

DOTA2 国际邀请赛简称 Ti，是与英雄联盟 S 系列赛同期创立的一个全球性电子竞技赛事。DOTA2 国际邀请赛是与英雄联盟全球总决赛具有同等知名度的全球赛事，独特之处在于其超高的奖金数额总会制造巨大的影响。Ti7 的总奖金高达 24 688 095 美元，远远超过英雄联盟 S 赛的奖金数额。每年的 DOTA2 国际邀请赛由 DOTA2 的研发商——Valve 主办，其关键奖杯为特制的盾牌。

DOTA2 国际邀请赛采取邀请和选拔两种机制，如 Ti8 包括 8 支直邀战队和 10 支各赛区预选赛晋级战队。中国的 DOTA2 竞赛水平一直都是顶尖的，曾在 Ti2、Ti4、Ti6 获得冠军。

DOTA2 国际邀请赛一般在美国的西雅图举行（Ti1 在德国科隆，Ti8 在加拿大温哥华），但 Ti19 年在中国上海举行，这是中国电子竞技发展到一定水平的结果。

三、守望先锋联赛

守望先锋联赛简称 OWL。在经过一系列起伏后，它成为暴雪为《守望先锋》打造的核心电子竞技赛事。OWL 是全球首个以城市战队为单位的大型电子竞技联赛，是《守望先锋》

---

① 英雄联盟官方公布 2019 全球总决赛的冠军赛将会在光之城巴黎的雅高酒店体育馆举行。同时还公布了 2020 年、2021 年英雄联盟全球总决赛的举办地分别是中国和北美。

电子竞技的最高殿堂。

2018 年是 OWL 的第一年，来自世界各地的顶尖职业选手组成的 12 支战队从 1 月 11 日开始直到 6 月，经历季前赛、常规赛、季后赛、总决赛，最后还包括一个全明星周末，其赛制与 NBA 赛制有很多相似之处。第一赛季的冠军为伦敦喷火战斗机队，赛事奖金达到 1000 万美元。

另外，在每年一度的暴雪嘉年华上，守望先锋世界杯的决赛将在此时进行。守望先锋世界杯是以国家为单位的电子竞技赛事，每个国家的队伍通过国内粉丝的投票产生。一共有 16 支战队，通过预选赛和分区小组赛决出决赛队伍。如果将 OWL 比作篮球界的 NBA，那么守望先锋世界杯就相当于篮球世界杯。

这里简单介绍一下暴雪嘉年华。暴雪嘉年华是美国动视暴雪公司在每年举办的年度盛典，主要是旗下游戏（包括《魔兽世界》《魔兽争霸》《星际争霸》《暗黑破坏神》《炉石传说》《风暴英雄》及《守望先锋》等）的年终狂欢，期间会进行《炉石传说》《风暴英雄》等竞技游戏的表演赛事。除了和游戏有关的环节，暴雪嘉年华还包括玩家画作、影片制作、配乐制作、CosPlay 等各种竞赛。

四、CS:GO Major

CS:GO Major 是 CS:GO 项目全球最高级别、最高奖金、最高荣誉的赛事。CS:GO Major 并不是由游戏研发商 Valve 自行主办的，而是由其赞助、由第三方赛事主办公司承办的。同时，CS:GO Major 并不是像 Ti 或者 S 赛那样固定一年一度，而是按照惯例，每年举办 2、3 次，一般在每年的 1—3 月、7—8 月、10—11 月。第一届 CS:GO Major 是 2013 年 11 月举办的 DreamHack 冬季赛。

比赛参赛战队会按照上届的成绩分为传奇组和挑战者组，传奇组由上届 Major 小组出线的 8 强组成（2018 年 7 月扩充为 16 支），挑战者组则由各地区 Minor 预选决出的 16 支队伍中决出的 8 支队伍组成。赛制分为小组赛和淘汰赛两个阶段。该赛事奖金也是非常可观的，2018 年 7 月在英国伦敦进行的比赛的总奖金达到 130 万美元。

五、绝地求生全球邀请赛

绝地求生全球邀请赛，简称 PGI。随着《绝地求生》在全世界的火热，2018 年，官方举办了第一届全球范围内的邀请赛。该邀请赛是绝地求生最大规模、最高荣誉的一项赛事，也是绝地求生第一次真正意义上的世界大赛。

该赛事在全球范围内采用赛区选拔的形式挑选入围战队。赛区包括欧洲、北美、亚洲（除中、韩、日外）、中国、韩国、日本、拉丁美洲、澳洲、中东，最终有 20 支战队参加绝地求生全球邀请赛。第一届 PGI 于 2018 年 7 月 25 日至 29 日在德国柏林举行，采用四人组队的形式，分为 TPP 和 FPP 两种视角分别展开角逐。该赛事总奖金达到 200 万美元。来自中国的 OMG 战队凭借第一天 4 场 3 鸡的超神级发挥拿下 FPP 模式世界冠军。伴随着绝地求生比赛的成熟和稳定，相信 PGI 的赛事在以后会得到更好的发展。

六、王者荣耀职业联赛

王者荣耀职业联赛，简称 KPL，是王者荣耀官方最高规格的职业赛事。《王者荣耀》是国内非常知名的移动电子竞技游戏，而 KPL 是移动领域一个标杆性赛事。该赛事分为春季赛和秋季赛两个赛季，每个赛季又分为常规赛、季后赛及总决赛三部分。

KPL 发展很快、创新力度也很强。2016 年 KPL 秋季赛创办时有 12 支战队参加，按规定每季度联赛最后两名降入预选赛，预选赛的前两名升入 KPL。2018 年 KPL 春季赛正式开启东、西赛区主客场制度，东部赛区主场落户成都，西部赛区主场落户上海。在地域化升级的同时，2018 年 KPL 还升级了整体的赛事荣誉体系，增设"常规赛 MVP""常规赛最佳阵容"等极具分量的赛季维度奖项，进一步提升赛事的专业性与仪式感。另外，在 2018年秋季赛的季后赛中采用全局 BP 的新规格：每场比赛的前 6 局对决，单支队伍不能使用重复英雄登场，而如果进入第 7 局，双方则直接跳过 BP 环节，在看不到对手阵容的情况下，完成阵容搭配。

作为国内知名的移动电子竞技赛事，KPL 的奖金自然是非常丰厚的。2018 年的秋季赛奖金池总额达 1200 万元，冠军可以获得高达 500 万元的奖金，亚军则是 200 万元，季军和殿军分别获得 110 万元。

七、皇室战争职业联赛

皇室战争职业联赛，简称 CRL，是移动端游戏《部落冲突：皇室战争》的全球性职业比赛，其赛事范围包括中国大陆、亚洲、欧洲、北美洲、拉丁美洲 5 个赛区。中国赛区是全球最先开战的赛区，共有 EDG、GO、JDG、LGD、NOVA、OP、SNAKE、WE 8 个俱乐部参赛。

《皇室战争》是芬兰手游公司 Supercell 的产品，其本身就是一款在全球范围内有着不错认知度的产品，因而在搭建全球赛事体系时相对其他移动端电子竞技游戏轻松许多，发展速度也更快。以 2018 年皇室战争职业联赛春季赛为例，在常规赛中，8 支战队在 9 周内进行双循环赛制，每支队伍需要打满 14 场，季后赛将常规赛前 4 名选出晋级季后赛，按照第 1 名对战第 4 名，第 2 名对战第 3 名的方式进行单败淘汰赛，最后决出冠、亚、季军。2018 年春季赛的赛事奖金为冠军 250 000 元、亚军 150 000 元、季军 70 000 元、殿军 30 000 元。

【本章习题】

1．说一说第一方赛事和第三方赛事都有哪些代表赛事。
2．一场电子竞技赛事的运营过程包括哪三个环节？
3．电子竞技俱乐部的赛训团队主要由哪些人员组成？
4．说一说你所了解的知名电子竞技赛事。

第五章　电子竞技第三方产业

【学习意义】

本章主要讲解由电子竞技产业发展而来的第三方产业，通过电子竞技网络直播、游戏影视 IP、电子竞技明星与俱乐部的电子竞技周边产品和网店等几个方面，帮助同学们了解电子竞技第三方产业的发展情况和现状。

【关键词】

电子竞技网络直播　电子竞技网络直播的发展策略　游戏影视 IP　电子竞技明星

【学习目标】

1. 了解电子竞技网络直播的发展情况和现状。
2. 了解游戏影视 IP 转换的机制及流程。
3. 了解电子竞技与影视娱乐行业的交互关系。
4. 了解电子竞技与电子竞技周边产品的交互关系。

在了解了电子竞技产业和赛事的发展后，可以清晰地看到电子竞技产业的飞速发展，而这也就不可避免地带动了电子竞技第三方产业的发展。电子竞技行业势必会迎来一个新的时代，如自媒体、直播、影视、网店等各种电子竞技第三方产业相继出现。下面就来了解一下电子竞技第三方产业的一些具体情况。

第一节　电子竞技网络直播

一、电子竞技网络直播平台简介

1. 直播形式的改变

虽然直播出现的时间不长，但其形式也发生了几次改变。开始时，直播只提供视频直播服务，随后会员体系、充值模式日渐成熟，直播内容和用户体验不断优化。电子竞技游戏直播行业朝多元化的方向发展，随着不同类型游戏的出现、多样的游戏平台的崛起，只有充分发掘自己特色的平台才能在竞争激烈的直播市场获得一席之地。

（1）在直播 1.0 时代，一款名为 YY 语音的软件利用 YY 独特的房间功能，让用户能够进入 YY 的房间频道观看同步直播。虽然此时的形式尚属于 YY 软件的一种用户交流形式，但这种同步直播的思路为后续直播行业的发展提供了良好的参考。

（2）在直播 2.0 时代，迅速风靡起来的游戏直播引起了业内的关注，大量资本涌入，直播平台迎来了发展的春天。以腾讯为代表的龙珠、YY 推出的新平台虎牙、从 A 站独立出来的新版块斗鱼直播等直播平台如雨后春笋般涌现。除了直播平台，娱乐型、搞笑型、技术型等各类游戏主播层出不穷。

（3）在直播 3.0 时代，在火热的市场竞争下，缺乏资金支持的小直播平台退局，斗鱼 TV、战旗、虎牙、龙珠等多家游戏直播公司分占市场。此后电子竞技游戏直播平台市场饱和，一些户外、美食、舞蹈等日常生活直播平台出现，直播门槛降低，只要拥有手机几乎每个人都能参与到直播中。

2. 电子竞技网络直播平台的传播模式及优势

电子竞技网络直播平台的传播模式是"主播—互联网—受众"。直播受众可以实时接收游戏内容和观看存储的视频，这大大提升了观看的自由度，受众可以自主和畅快地选择自己喜欢观看的内容。相较于电视直播，网络直播具备的双向交流的特点可以提升受众的参与度，获得更好的传播效果。

在网络直播没有被应用到电子竞技领域之前，玩家或游戏爱好者想要学习他人的游戏技巧，只有通过官方网站上转播的电子竞技比赛和玩家上传的游戏视频，或者购买与电子竞技相关的报纸和杂志等途径。纸质媒体所传达的内容无法满足受众的要求，而官方的比赛视频和网站上的视频又都是剪辑和录制好的，互动性不强。网络技术的发展及成熟运用，让游戏的观战方式变得更加丰富和清晰，网络直播也成了一种新的传播方式，它能够进行实时互动直播，即直播者可以在直播过程中操作游戏并辅以解说，并与观众进行互动。网络直播平台的出现，一方面让电子竞技爱好者可以通过观看网络直播来提升自身游戏水平，直播平台上职业选手或高手玩家的讲解也让游戏爱好者们对想学的内容理解得更加透彻；另一方面网络直播平台的弹幕功能可以实时交流，一些有趣的弹幕也能够迅速调动气氛。除此之外，网络直播平台的出现也解决了部分电子竞技职业选手再就业的问题，同时还增加了电子竞技爱好者走向职业赛场的可能性，一些在直播中有天赋、实力强的主播很容易就会引起俱乐部的关注。这样的例子不在少数，如 S8 英雄联盟冠军 iG 战队的 AD 选手 JackLove 在进入正式的职业赛场之前就是一名游戏主播。梦想走上职业赛场的电子竞技爱好者们拥有了更多的选择、更宽广的道路，而电子竞技后备人才培养环境也更加多样。

3. 电子竞技网络直接平台的用户分类

电子竞技网络直播平台的用户大体可以分两类，一类是表演者身份的游戏主播，一类是观众身份的普通玩家（也可称为粉丝）。游戏主播由于具备高超的游戏水平获得大量玩家的关注，他们的影响力不仅仅局限于网络平台，随着游戏产业链在传播渠道的完善，游戏主播群体也正走进更多人的视野。

随着电子竞技游戏直播平台的发展，直播平台为粉丝提供了一些新的消费模式（如会员充值模式、送主播增值礼物等），这些在直播平台的消费模式已经成了当下电子竞技游戏直播产业中非常重要的一环。正如美国作家约翰·费思克在其著作《理解大众文化》中提出的，粉丝产生的文化资本是所有文化资本中最发达和最显眼的一种，并且粉丝文化这种特殊的文化具备极强的感染力。

二、电子竞技网络直播平台的特点

1. 即时性与互动性

就一项竞技运动的发展而言，技术与战术一直起着重要的作用，竞技运动的魅力与吸引力也常常蕴藏在这些技术与战术的运用之中。几乎可以肯定的一点是，技术与战术的水平高低直接决定着比赛水平的高低，技术更多的是平时运动员对技巧的磨炼，而战术则是将竞技的智慧运用在比赛中。技术与战术在电子竞技项目中的应用更为直观丰富，电子竞技的节奏快、比赛频次高，电子竞技选手在技术与战术方面的提升也是非常重要的。电子竞技网络直播平台作为一种兼具即时性和互动性的新型网络媒介，在快速传递信息的同时还能完成信息的交互影响，使直播受众在观看直播的过程中接收的信息更加多元、更加生动，这相当于将直播平台变成了"网络课堂"，让受众在得到自己想了解的信息的同时还提高了自身的竞技水平。

2. 网络直播平台与电子竞技互相适配

知名度是指某个组织被社会、公众了解的程度，是评价组织名气大小的尺度。知名度高的组织在社会公众中有着更大的影响力。电子竞技与直播平台关联性很高，电子竞技重要的一点就是展示游戏的过程，直播平台正好可以把游戏的过程全程展现出来，因而网络直播平台比一般传统媒体更容易提升电子竞技的知名度。

3. 具备导向性

直播平台作为网络媒体拥有和传统媒体一样的导向性，而导向性对于市场经济有着非常重要的作用。在电子竞技产业发展过程中，直播平台的导向性将电子竞技产业的供需关系集中体现出来，并对资本走向产生导流作用，从而对电子竞技产业经济的发展产生影响。电子竞技作为一种体育产业，其经济功能也如其他竞技产业一样，会对相关产业产生经济效应，从而推动电子竞技产业的整体经济运行。

4. 移动端逐渐成为主流

无线网的扩大、智能手机的普及和数据流量的升级，让中国网民将使用习惯从 PC 端转移至移动端。在这种潮流下，游戏直播平台也从网页端逐渐转移至移动端 App 上。目前市面上的移动端直播 App 大致可以分为两类，一类是主播直播的 App，另一类是用户观看的直播 App。

进行电子竞技直播的主播大多数使用 PC 端直播软件。目前，移动端电子竞技直播的观众不及 PC 端，移动端电子竞技游戏的生命周期有限，无法像 PC 端电子竞技游戏那样积累大量的游戏玩家。《英雄联盟》《绝地求生》等大型 PC 端游戏对网络的稳定性和网速有着较高的要求，而移动端电子竞技游戏，如《王者荣耀》《球球大作战》等对网络要求较低，主要以娱乐为主。

5. 弹幕主导

弹幕来源于日本的二次元文化，指的是在视频播放过程中，观众通过文字发表自己的看法和评论，并且文字会在视频画面上显示出来。在电子竞技游戏的直播间内，游戏主播制作播出内容，主播与观众的互动多由弹幕和增值道具构成。大多数游戏直播用户都会使用弹幕功能。通过弹幕，观众向主播反馈自己所接受的信息和自己对直播内容的看法。

弹幕内容多是观众实时发表的观点、评论、应答、提问、吐槽；在形式上，观众可以调整弹幕的字体大小、位置、颜色等。弹幕数量的多少在一定程度上也反映了主播的人气和号召力，一些人气高的主播在直播的时候，飘过的弹幕甚至能遮挡屏幕。面对无数个直播窗口，观众需要具备参与性，而观众想要参与并表达便可通过弹幕互动的方式。在群体的影响力下，常会出现激进选择的现象，如直播平台中常出现的"查房"现象（拥有大量粉丝的主播在直播过程中进入另一位主播直播间观看），人气主播"查房"往往会导致弹幕覆盖直播间视频画面。在直播平台，这也是明星主播捧红新人主播的一种常见手段，新人主播对这样的现象非常欢迎，因为在这种情况下，观众想要发送弹幕刷屏的欲望增强，新人主播的订阅量和粉丝量也就不断增加。

6. 增值道具

增值道具是互动内容的另一部分。一般直播平台在上线前期不会开放充值系统，直播中的增值道具只有通过积累在线时长或者做任务获得，这样做的目的主要是用来提高新用户的在线率和在线时长、增强直播平台与观众之间的黏性。在经过一段时间后，直播平台便会开放充值系统，观众可以通过充值购买增值道具赠送给主播，一方面为粉丝提供了获得主播关注的机会，另一方面在为直播平台收获经济效益的同时，也能增强主播与粉丝间的黏性。

直播平台中的增值道具与其自身品牌形象有着密切的联系。例如，斗鱼 TV 的增值道具就以"鱼"概念分为两类，一类是日常做任务就可以获得的免费道具鱼丸，另一类是通过充值获得的增值道具鱼翅。鱼翅的价格是一个一元，其他道具以鱼翅作为基本单位来衡量，越高级的增值道具需要的鱼翅数量越多，从低到高排序依次为：价值 0.1 鱼翅的赞、价值 6 鱼翅的 666、价值 10～50 鱼翅的高级酬谢、价值 100 鱼翅的飞机、价值 500 鱼翅的火箭。增值道具与企业形象相结合，让企业元素在直播的过程中以动态的视觉效果呈现出来，加强了对品牌形象的宣传。粉丝给主播赠送高额增值道具的信息会被置顶，使得网站内所有观众都能看到滚动的赠送信息。赠送的道具价值越高，在主播直播间贡献排行榜上的排名也就越靠前，累计赠的道具价值排名靠前的观众甚至可以在网站的所有页面以弹幕的形式显示出来。从另一个角度来讲，观众赠送增值道具也是在表达自己对主播的喜爱和支持。

7. 对电子竞技的积极影响

通过对国内直播平台的观察不难发现，直播平台对电子竞技产业发展的积极影响主要集中在提高竞技技巧、提升知名度、促进产业经济发展等方面。第一，电子竞技主播主要是前职业选手或游戏明星选手，为提高受众的电子竞技技巧提供了保证；第二，直播平台的日在线人数持续稳步上升，对于相关赛事的讨论也非常激烈，可以切身感受到电子竞技知名度的提升；第三，纵观直播平台发展历程，主播从一开始的生活拮据到如今的高收入，这得益于直播平台产业的良好发展，可见以商业化运作的电子竞技也像其他竞技项目一样，依托媒体获得了自身产业的经济发展。

直播平台的出现为我国电子竞技产业的发展做出了巨大贡献，加快了电子竞技商业化进程，促进了电子竞技的商业模式转化，刺激了电子竞技职业化发展。而那些不被认可、压力巨大、"不务正业"的人终于可以抬起头来做自己喜欢的事情，并且把自己的兴趣转化成自己的职业。除此之外，职业选手退役后再也不用为了生计犯难，他们有了更多的选择，如目前直播平台中《英雄联盟》的很多人气主播都是前职业选手，收入大都超过了职业运动员时期的薪酬。而随着我国电子竞技产业商业化的加快，电子竞技产业创造出了巨大的商业价值，为我国经济发展增添了一份新的力量、开发出了一种新的模式，电子竞技也从游戏变为受国家认可的体育项目，而且将会拥有更广阔的发展空间。直播平台与电子竞技相辅相成，创造了发展潜力无限的互联网电子竞技产业。

三、电子竞技网络直播存在的问题

1. 主播与观众的素质问题

电子竞技网络直播的便利化交流刺激了受众的创造力和交流欲望，但这样的便利性同时也使得电子竞技网络直播处于一个相对自由的环境，监管难度大。直播的实质是人与人的交流互动，直播内容需要主播的加工和传播，直播平台提供直播内容与观众的交互。当下网络直播在主播方面并没有严苛的要求，每个人都可以通过申请成为主播，无须岗前培训和相关专业证书，也正是在这样的背景下，主播的个人素质问题显得较为突出。有不少主播在进行直播时言语不当，不乏语言暴力与色情词汇，而这些主播的不良示范行为都有可能对社会造成非常恶劣的影响。同时，网络直播受众的素质问题也不容乐观，主播或观众在言语和行为上稍有不慎就极可能导致一些人恶语相向，随后整个直播间的语言环境就会变得低俗恶劣。直播受众中有不少是少年儿童，"互喷""地域黑"、相互谩骂等低俗问题给他们带来的负面影响是非常大的。

2. 直播内容问题

直播内容是网络直播平台的基础，也是各大直播平台赖以生存的根本。但就目前而言，直播内容问题是直播平台发展过程中最尖锐的问题，不良内容如涉黄、网络暴力、拜金主义等屡见不鲜。相对而言，电子竞技网络直播在内容上要稍好一些，因为电子竞技网络直播最主要的部分是电子竞技游戏的过程，受众的关注点是游戏。受众在电子竞技游戏类型的选择上不可避免地受到电子竞技游戏自身特点的影响。如今，暴力类竞技游戏的节目直播、赛事直播、个人直播是当下的主要内容。

暴力类竞技游戏是指通过各种方式（如枪战、战争）击打甚至击杀对手来实现目标的游戏。在各大直播平台的游戏区首页，《王者荣耀》《英雄联盟》《炉石传说》《DOTA2》《守望先锋》《穿越火线》《CS:GO》《DNF》《绝地求生》《天天狼人杀》《三国杀》《格斗游戏》

排名靠前，除《天天狼人杀》《三国杀》是益智类棋牌游戏外，暴力类竞技游戏在电子竞技直播的内容中占据主流地位。虽然电子竞技网络直播在一定程度上传递了竞争意识，但游戏中出现的暴力画面仍或多或少地对受众产生了负面影响，这种影响对心智尚未成熟的青少年的影响程度更深。

3. 行业竞争导致的高成本问题

利润是行业发展的核心动力。电子竞技网络直播的繁荣与否，一方面取决于受众数量能否维持在高位，另一方面取决于企业在该行业中是否能够获得相应的利润。近年，腾讯、软银、红杉等各大资本纷纷进军电子竞技网络直播市场，庞大的用户市场规模和资金流入量让电子竞技网络直播行业的盈利问题成为焦点。但就目前而言，以"烧钱"占领市场的游戏直播行业，亏损是行业常态。一方面，宽带流量费用高昂，据某机构测算，直播平台同时 100 万人在线，则意味着宽带为 1.5T，市场价格大约为 3000 万元。另一方面，观众对主播的黏性大于对平台的黏性，对于大多数观众而言，自己支持的主播在哪个直播平台就会去哪个直播平台，几乎没有对平台的依赖。因此，直播平台想要在短期内快速吸引人气和流量最好的方式就是签约知名度高的主播。这也直接导致各直播平台争相签约人气主播的乱象，以及人气主播的身价飙升。

综上所述，电子竞技网络直播平台行业的高成本问题主要由宽带的高成本、人气主播的虚高签约费、平台之间高薪挖人等几点原因造成。在这样的模式下，电子竞技网络直播行业的发展会受到巨大的限制。合理有效地降低宽带成本，减少平台之间的恶性竞争，让主播的身价根据商业市场的反馈保持在一个理性的价格范围内，这些是当下直播行业需要切实考虑并解决的问题。

4. 观众的高流动性

电子竞技游戏种类繁多，电子竞技网络直播平台层出不穷，观众在选择观看电子竞技游戏网络直播时，要对成千上万的直播窗口进行选择。从观众的主观感受上而言，他们对直播窗口的选择大多基于自身偏好，如自己喜欢的电子竞技明星选手、在某期电子竞技视频中出现了自己感兴趣的主播、某场赛事直播比赛中给自己留下深刻印象的选手或解说员。可见，在电子竞技网络直播行业中"明星偏好效应"是非常明显的。

此外，当前各个直播平台的内容同质化问题比较严重，缺乏个性化内容，且大多数是以《英雄联盟》《王者荣耀》等电子竞技游戏为主要内容，观众在自己喜欢的主播或节目结束后很快就会将注意力转移到别的网站或其他 App 上。观众不是根据平台来选择节目，而是根据自己喜欢的主播、赛事、节目选择平台，因而观众的高流动性的特点也就非常明显，这对于平台和行业的持续发展而言是不利的。

四、电子竞技网络直播的发展策略

（一）优化媒介环境

在电子竞技网络直播兴盛的今天，在产生网络主播与网络红人的同时也吸引了大量的网络粉丝。直播中的语言暴力、低俗行为屡禁不止，甚至成为一种风气，给社会造成一定的负面影响。直播环境由主播、观众、平台等多方构成，想要优化直播环境，则需要从提升主播素质、管辖观众的不当言论、加强平台的监察力度三个方面出发。下面来看一下具体的发展策略。

1. 严把主播素质

电子竞技网络主播是直播环境的重要构成部分，是电子竞技网络直播中信息的主动传播者，作为不断传递自制内容的关键人物，他们具有非常强的公众性。他们在获得丰厚回报的同时，不能忽略自身所应承担的社会责任。电子竞技网络主播饱受舆论批评是不无道理的，确实有部分主播自身素质不过硬，在直播间内常有不当的行为和言论传出。当前，主播上岗不需要岗前培训与专业证书，任何人都可以通过申请成为主播，过低的门槛导致主播队伍的整体素质水平偏低。由于主播的公众性，尤其拥有一定知名度的主播有着相当大的影响力，因而更需要对主播加强监管、进行教育、提高其整体素质。

具体来讲，可以采用证件制度。证件制度是我国长时间、大范围、多领域使用的管理方法。常见的卫生许可证、经营许可证、安全生产许可证等都在其相应的领域取得了较好的成绩。现在也可以将这种方法应用于电子竞技网络直播行业，由相关部门出台分级直播证制度，以期对主播进行有效的管理。平台可通过分级直播证制度，把主播的人气、证件的等级、所需学习的课程量联系起来，对主播进行思想文化教育。直播证机制的实行，一方面可以提高主播的学习积极性，另一方面对主播实名制的贯彻落实也有一定的作用。

2. 提高对评论的筛选能力

直播的弹幕评论功能可以增强观众的交流积极性，而好的交流可以让直播间气氛变得活泼。不过，一旦评论走向低俗化，就会使得整个直播间"乌烟瘴气"，而评论低俗化导致的负面影响不仅范围广，而且程度深。在恶劣的直播环境下，一些本身素质正常的人也会在直播平台上因为他人的低俗语言做出一些低素质行为。以"互喷"为例，很多时候直播间的环境本来很祥和，但是在个别受众对别人进行嘲笑、谩骂、肆意使用不当词汇后，一场骂战随即展开，整个直播环境迅速低俗化。电子竞技网络直播平台作为沟通主播和观众的桥梁，有责任也有必要在平台交流环境上投入资金和精力。其中比较有效的措施就是借助电脑提升对评论的筛选能力，即开发运行效率更高、识别能力更强的屏蔽软件，同时提高字库的更新频率，将新的网络流行语尽快加进去，以方便更好地鉴别筛选。

3. 完善用户举报机制

直播平台的语言和画面都具有多样性、变化性。依靠电脑检测、屏蔽较难彻底清除电子竞技网络直播中的不良信息，而依靠人力筛选海量信息又显得力不从心。实行用户举报，凝聚群众力量，形成互相监督的风气，可以有效弥补这两种方式的不足。在这方面已有先例，如在龙珠直播平台上，可以点击直播画面右上角的举报按钮举报主播，也可以在评论区点击其他评论观众的昵称举报观众。官方会依情况对被举报者进行惩罚。但存在的问题是，惩罚系统的标准不明确，反馈不存在。长此以往，用户得到的亲身体验是举报惩罚系统名存实亡，其举报热情自然难以保持。因此，电子竞技网络直播平台可以设置并完善举报系统，明确划定惩罚标准，并定时向举报者反馈处理结果。

（二）引导竞技游戏类型

电子竞技网络直播分为三种类型，分别为电子竞技赛事、游戏节目、个人直播。在电子竞技赛事、个人直播这两种直播类型中，游戏内容画面是受众视线的焦点，时间占比超过百分之八十。在游戏节目的直播中，虽然只是有一小部分的游戏内容展示出来，但主持人、嘉宾与观众三方的语境与话题仍会以游戏为主。

当前热门的电子竞技游戏，如《英雄联盟》《DOTA2》《反恐精英》等在类型上属于暴力类游戏，需要通过攻击或击杀他人来完成任务，有一定的暴力示范作用，对青少年可能会产生负面影响。网络暴力游戏在让青少年获得心理快感的同时，也会激发出一种"暴力娱乐"，即通过暴力取悦自己，从而阻碍青少年对暴力形成正确、客观的认知。大量现实生活中的例子也已证明，网络暴力游戏是引发社会暴力的潜在因素，少数心智不成熟的青少年游戏玩家将游戏中的行为模式带进现实生活中，试图以游戏中的方式解决现实生活中的问题。这样混乱的思维和可怕的行为值得警惕，因而许多家长认为孩子应当减少接触电子竞技网络直播也不无道理。

暴力元素是游戏的一部分，暴力类游戏也只是竞技类游戏的一部分，除此之外还有许多积极向上的亲社会竞技类游戏。亲社会竞技类游戏与暴力类游戏对人的心理有着不同的影响。目前，一些亲社会竞技类游戏如《NBA 2K》《实况足球》等体育类竞技游戏，围棋、象棋等棋牌类竞技游戏，都已经在不少直播平台上占据一席之地。电子竞技网络直播行业可尝试增强亲社会竞技类游戏直播的宣传，提高该类游戏的影响力，让更多的玩家参与其中，从而将电子竞技网络直播的热点引导到亲社会竞技类游戏上。

（三）建立多元化盈利模式

目前的电子竞技网络直播存在亏损是常态，只依赖资本的注入是无法帮助直播行业保持持续繁荣的，想要实现盈利就要开拓收入渠道。

1. 实现广告精准投放

当下主流电子竞技网络直播平台的广告信息并不多见，而传统媒体如电视、报纸等都有着一定数量的广告，国内一些视频网站如优酷、爱奇艺等在播放视频前都会要求观众观看一定时长的广告，这说明广告对于媒体受众而言已经被理解和接受。因此，电子竞技网络直播行业可以借鉴引入广告的方式增加盈利。广告发布者可以借用大数据这一工具，对受众浏览习惯进行分析，挖掘受众的潜在需求，对不同群体受众实现个性化传播，即实现广告的精准投放。

2. 与电子商务平台合作

当前电子竞技网络直播行业常用的盈利模式是依靠内容吸引人气，配合电子商务实现人气到金钱的转换。淘宝店利润丰厚，对于草根主播来说，他们的淘宝店甚至占其收入的绝大部分。电子竞技网络直播平台可与现已成熟的电商平台合作，开展电子商务业务，将各个主播的店铺直接嵌入其直播平台中，作为各个主播直播主页的一部分。这有助于直播平台与电商平台及主播签订合作协议，获得利润，而且还可以规范主播在直播中的宣传行为，将"主播、观众、电商"这三者组成的经济链条纳入自己的管理权限之内，降低违规事件发生的可能性。

（四）加速相关协会的成立

当许多行业、产业的问题依靠个别企业难以解决时，就需要加强合作，建立行业协会。一般而言，行业协会由同行业的成员建立，其目的是维护成员利益，属于一种非营利性的民间社会中介组织。行业协会在维持行业秩序、限制竞争上有非常重要的作用。行业协会拥有一定的自主治理权，可以惩罚那些不按照行业协会规则和相关法律进行营业活动的会员企业，维护行业秩序，引导会员企业依照行业共识行事，从而保证行业的健康稳定发展。同时，行业协会可以联合协会中的企业共同合作，尽量减少和避免彼此之间的竞争，争取共同利益的最大化。

困扰电子竞技网络直播行业的两大问题——主播成本过高和宽带成本过高的问题，在行业协会成立和完善后会更容易解决。针对主播成本问题，可以借鉴美国NBA"工资帽"和"奢侈税"模式，为球队的工资总和设定上限，超过上限的球队需要向联盟缴纳巨额的奢侈税。在这样的思路下，可以以行业协会作为主导，与各大平台共同制定一个标准，划定主播的收入分级，并在标准的基础上设立奖惩机制，既能平衡各平台间的竞争，又可避免主播收入增长过快的问题。对于宽带成本高的问题，也可由行业协会牵头，同电信运营商进行沟通与协商。此外，行业协会还可以通过设定奖惩机制、推动平台实施改革、对签约主播进行集中培训等方式，优化电子竞技网络直播行业的传播行为，使其内容向健康、积极的方向发展，形式向更多元、更有趣的方向变化，从而对受众产生更强的吸引力。

加速权威性电子竞技行业协会成立不仅能解决当下存在的问题，还能通过内外沟通形成新的平衡，保证行业的有序竞争，优化电子竞技网络直播行业的传播内容和形式。目前国内成立了中国网络直播行业协会，尚未出现专业的电子竞技网络直播行业协会，随着相关协会的进一步成立和完善，许多问题可以得到更好的解决。

第二节　游戏影视 IP

随着电子竞技产业的蓬勃发展，电子竞技变得愈来愈公众化，并逐渐与娱乐行业产生关联。下面具体讲解一下电子竞技与影视娱乐摩擦出的火花。

一、游戏 IP 的出现

1. 游戏 IP 的形成背景

IP 是当下一个非常火的概念，IP 是 Intellectual Property 的缩写，泛指知识产权，常作为文学、影视、游戏等产品的原始素材，通过授权可以对其进行二次甚至多次开发。游戏 IP 向电影的转换是"泛娱乐化"的关键一环，游戏与电影拥有强大的将 IP 变现的能力。

2001 年的游戏 IP 电影《古墓丽影》首映便以 4800 万美元获得周票房冠军；游戏 IP 电影《生化危机》系列共取得 10 亿元人民币票房；2016 的《魔兽》仅在中国地区就收获 14.7 亿元人民币票房。虽然 IP 泛指知识产权，且理论上所有游戏都是有游戏版权的，但并非所有游戏都可以称为游戏 IP。

成为游戏 IP 有两点非常关键，一是它拥有一定的文化规律，能为市场和受众所接受和认可；二是拥有大量粉丝。IP 只有在被市场广泛接受、拥有粉丝基础和满足用户消费需求之后才能成为大 IP。

2. 游戏 IP 的形成

严格来说，IP 一词来自"知识产权"，又不仅仅是"知识产权"，它不是指权利人对其创作的智力劳动成果享有的财产权利，它是指有影响力的、有价值的、拥有粉丝基础的"知识产权"。

IP 涉及的范围很广，在游戏、影视、文学、动漫等文化模块中都有，文学与动漫能为 IP 提供很好的内容，最有可能孵化出优秀的 IP，而影视与游戏则可以将 IP 展现在荧幕上，拥有不俗的变现能力。文学与动漫通常是内容的提供者，塑造 IP，游戏与影视则起到扩大的作用，能为 IP 迅速增加粉丝数量，同时利用粉丝的消费能力将 IP 价值变现。但这并非一成不变的，有时游戏 IP 也可以是内容的提供者，如影视剧《仙剑奇侠传》就是根据游戏改编而来的。此外，各种电子竞技游戏的小说，也都是根据游戏衍生而来的，即游戏提供 IP 内容后转化成文学内容。

二、游戏 IP 向电影转换的基础

1. 故事基础

电子游戏历经几个阶段的发展，从早期简单的益智游戏变成充满娱乐性和竞技性的游戏，故事情节逐渐丰富起来。例如，《超级马里奥》和《影子传说》系列，它们都是极简的营救公主的故事，而到了 PC 游戏阶段，PRG 游戏盛行，这类游戏一般都带有完整的剧情和故事情节，游戏不仅会赋予人物角色，还会营造出一个个精彩的故事。例如，美国动视暴雪公司的《魔兽争霸》和《星际争霸》这两款即时战略游戏就具有宏大的世界观和复杂的人物关系。电子游戏行业的发展引得不少影视从业人员加入，他们为电子游戏创作剧本，这就为游戏 IP 转向电影提供了巨大的便利。

2. 技术基础

电子游戏与电影在许多地方都是可以相互借鉴和渗透的。电影中的许多手法常会出现在游戏中，如在游戏的开头、结尾及过场动画中，电影中的蒙太奇手法就很常见。游戏中场景和视角的切换用的就是电影中的渐入和渐出；RPG 游戏中会使用电影中的水平镜头，让人物始终保持在屏幕的中央位置。电影也会借鉴游戏中的技术，如电影中的许多特效和虚拟人物的造型都运用了游戏的 3D 技术。美国动视暴雪公司推出的不少游戏 CG 甚至不逊色于当下影院上映的特效电影。而 VR 技术的出现，更是让电影与游戏紧密融合，其强大的代入感和互动性会带给用户更真实的观影体验和游戏体验。

3. 受众基础

电影的受众和游戏的受众是高度重合的，16～35 岁的人群是所有游戏公司和影视公司主要的消费人群。据相关数据统计显示，目前我国网络游戏用户主要为学生、上班族和自由职业者。电影观众主要为学生和上班族，两者有接近 75% 的重合率。相对而言，游戏的用户群体更加年轻，主要以学生为主，电影的用户群体则以企业和事业单位的员工为主。随着年龄的增长，游戏用户的收入水平提升，其与电影受众的重合率会更高。

4. 消费基础

目前，市场上由游戏 IP 改编成功的电影并不多，但在这一块的尝试却没有停止过。将游戏 IP 改编成电影不单是艺术上的追求，也是一门生意，市场盈利始终是其重要的目的。例如，根据《魔兽世界》改编而来的电影《魔兽》，纵使它算不得一部优秀的电影，但庞大的受众群体和观众对《魔兽世界》这个游戏 IP 的喜爱还是帮助电影《魔兽》收获了不俗的票房成绩。因此，不少以市场为核心的电影制作厂商正是看中了游戏 IP 向电影转换的现实利益，不断尝试游戏 IP 类型的电影。就我国而言，随着手游市场的扩张，我国游戏受众进一步增加，同时国内游戏受众对游戏衍生品有着极强的消费能力和消费意愿，购买游戏内的付费游戏道具或游戏服饰也变成一种习惯。对于一部由游戏转变而来的电影，大多数的原游戏玩家都愿意去购票观看，这一点在电影《魔兽》上映时的数据统计就已经显示出来。相较于电影盗版问题，盗版游戏则几乎不存在这样的问题，一方面，盗版游戏会受到各种软硬件的挑战；另一方面，游戏用户最看重的便是游戏的体验与服务，而盗版游戏几乎不可能达到原版所提供的服务水平。所以，对于忠实支持自己喜爱的游戏的游戏玩家而言，让其成为该游戏 IP 电影观众是很有开发潜质的。

三、游戏影视 IP 的发展历程

游戏公司是游戏 IP 的生产者和拥有者，对游戏 IP 的战略抉择影响着游戏 IP 转向电影的进程。游戏公司需要根据外界的反馈、公司自身的资源，以及对整个产业的控制和整合情况来制定经营战略，同时还需要考虑与影视行业的配合来做出决策。游戏影视 IP 的发展主要经历了三个发展阶段。

1. 萌芽期：寻求顶级 IP

当时游戏公司的精力主要集中于改进游戏设备和创造新的游戏来获得市场竞争力，游戏 IP 电影主要由游戏公司授权、影视公司开发制作。与此同时，影视公司也基本都是选择顶级的游戏 IP 来转换成电影。20 世纪 90 年代的好莱坞盛行大片主义，他们费尽心思去寻找一个有吸引力的、有着不俗受众基础的游戏 IP 来改编成电影。此时街机和家用游戏机大火，《超级马里奥》和《街头霸王》这两个 IP 可以说是超级 IP，它们都拥有巨大的粉丝基础。于是好莱坞的商人们决定制作游戏 IP 电影，准备大捞一把。此时任天堂、卡普空等游戏公司竞争异常激烈，想尽办法更新游戏软件、推出新游戏、培养更多的粉丝，却没有重视游戏 IP 电影的制作。在将游戏 IP 授予电影公司之后，各大游戏厂商也就没有投入更多的精力在这方面。并不懂游戏的电影公司耗费巨资制作出游戏 IP 电影《超级马里奥》，虽然影视特效在当时可以称为一流，但剧情夸张、人物形象篡改过大。对此，玩家们纷纷表示不能接受。除了电影公司为人诟病，游戏公司也饱受非议，玩家们认为游戏公司对玩家热爱的游戏不够用心，合作拍出的电影远不及玩家的预期，令玩家们大为失望。有了这个教训，游戏公司在与影视公司合作的时候就谨慎了许多。例如，随后制作的《街头霸王》，在观众的质疑声中也至少达到了收支平衡。

2. 探索期：选择迎合市场的 IP

在这段时间个人电脑兴起，游戏产品进入迭代模式，即每隔一段时间就会有新的游戏版本出现，新的游戏也层出不穷。此时游戏公司希望可以通过营销宣传来兜售自己的新版本游戏。于是，游戏公司通过电影的影响力，在维护原玩家用户黏性的基础之上扩大新的用户市场，而电影公司正好希望利用高人气游戏 IP 的用户价值换取票房和利润。经历了上一阶段的发展，影视公司在制作游戏 IP 电影方面开始不再依赖超级 IP 来获取票房，毕竟市场的风向和观众的口味也是非常重要的考量因素。于是，电影公司转变思路去选择一些既有一定粉丝基础又迎合当下观众需求的游戏 IP 来拍成电影。当时恐怖电影和动作电影是主流，《古墓丽影》和《生化危机》的 IP 题材便很好地迎合了大众需求。这种尝试可以说是比较成功的，《生化危机》系列取得了不错的票房成绩，与此同时，电影也为游戏做足了宣传，有效地扩大了受众群体。

3. 多元发展期：构建游戏大 IP

在 2012 年以后，互联网兴起，游戏公司与玩家不再是垂直分布关系，玩家与玩家之间的互动与竞技增加。此时的游戏也从迭代模式转变为增量模式，游戏公司开始注重培养玩家群体，让其成为自己的忠实受众。在这种横向发展模式下，旧的游戏 IP 内容不断丰富，游戏公司的盈利模式从兜售不同版本的游戏变成通过游戏内部道具盈利，如出售游戏道具、人物服饰、皮肤等游戏虚拟产品。随着游戏公司的发展壮大、游戏产品的日益成熟，与游戏相关的影视、小说应运而生，游戏 IP 进一步扩大。

不少游戏公司开始泛娱乐化布局，重视游戏 IP 版图的构建，《魔兽世界》《愤怒的小鸟》便是其中的典型代表。游戏公司将游戏 IP 转换权紧握手中以获取更多的利益，同时通过丰富游戏 IP 的内容配合公司战略的推进，如美国动视暴雪公司在《魔兽世界》之后推出《魔兽争霸》，将"魔兽"这一 IP 受众进一步扩大，而且《魔兽争霸》可以通过对战网络实现玩家与玩家之间的互动。虽然游戏版本的更新是免费的，但游戏中角色的装备、武器、服饰需要玩家付费购买，这就实现了从迭代模式到增量模式的转变。

新的需求创造了新的市场和机会，物质生活提升了的人们拥有了更多的时间和金钱，游戏这一新时代的技术产物迅速受到人们的喜爱。游戏利用先进的技术帮助人们感受在现实生活中难以触碰或以往无法感受到的事物，用创意设计满足人们的需求，游戏的盈利方式从贩卖游戏内容、受众消费技术慢慢转变成受众消费体验、消费感受。

四、游戏 IP 转换的机制及流程

游戏能够满足人们在精神方面的需求，玩家投入的时间和金钱越多，对游戏的感情越深，对游戏 IP 的文化消费也就越认可。玩家对某款游戏 IP 的文化消费是有种偏执和依赖的，如《英雄联盟》的玩家不会因为购买不到《英雄联盟》的周边产品就转去购买《魔兽争霸》的周边产品来满足自己的文化需求。这样的文化偏执是常见的，就像喜爱篮球运动的观众即使看不到篮球比赛也不会选择看乒乓球比赛来填补自己的需求一样。这样的特性，让不少影视公司看到游戏 IP 的价值——其开发和改编的游戏 IP 电影会有游戏粉丝自发买单。

游戏 IP 转换的机制是由游戏方、影视方、粉丝群体、利益相关方等多方要素构成的复杂系统。在这个系统中，生产者是游戏方与影视方，消费者是粉丝群体，利益相关方串联其中。游戏 IP 转换成电影一般包含四个部分：形成开发意向、游戏 IP 的授权开发、文本和技术的加工、营销发行。

1. 形成开发意向

从电影的角度来看，题材是需要首要考量的要素，能够转换成电影的游戏 IP 需要具备以下几点。

（1）游戏 IP 本身在情节和故事上值得深挖，具有良好的艺术性和叙事性，能够用影视的表现手法展示出来。

（2）游戏 IP 有良好的艺术性，但在情节和故事上并不适配于电影，难以通过影视的手法展示出来。电影时长是两个多小时，而这个时间几乎不可能将一个大的游戏 IP 内容讲清楚，这就需要对作品结构进行适当的调整，并辅以其他手法进行内容展现。

（3）游戏 IP 的情节和故事架构是有延展空间的，在影视化的过程中能够添加内容，从而让电影内容丰富起来。

（4）游戏 IP 的商业价值，即作品拥有大量受众且具备消费能力。游戏 IP 电影属于商业电影，只有能够盈利才算成功，这就使得游戏作品除了要有不错的故事情节，其背后的商业价值更被电影厂商看重。

2. 游戏 IP 的授权开发

游戏 IP 的授权开发一般有三种模式：第一种是游戏 IP 公司自己拥有独立的影视公司进行游戏 IP 电影开发；第二种是游戏公司授权影视公司进行游戏 IP 电影的开发；第三种是游戏公司与影视公司合作进行游戏 IP 电影的开发。拥有游戏 IP 的游戏公司往往拥有 IP 转换的话语权，这也就意味着游戏公司对电影的人物、剧情的设计有着主导权。在双方联合制作的过程中，一旦影视公司与游戏公司在人物和情节设计方面发生冲突，游戏公司可以控制人物和剧情设定。

下面具体来看一下这三种模式。

（1）第一种开发模式并不常见。游戏 IP 电影涉及游戏与电影两个领域，在游戏行业出众的企业不一定在电影领域拥有相应配套的资源。游戏公司开发自己的游戏 IP 不存在版权问题。

（2）第二种模式，即游戏公司对 IP 进行完全授权的模式，具体来讲就是游戏公司一次性收清版权费用，将游戏 IP 电影开发和后续的运作皆交给影视公司，或者是采用"版权费+分成"的模式。这种模式一般存在于游戏 IP 转换的早期阶段，游戏公司忙于在游戏市场的竞争，无暇顾及游戏 IP 影视化这一模块的业务，几乎不会参与影视的开发制作，顶多提供顾问人员参与。在这样的模式下，影视公司占据了主导权，拍出的电影也会更加迎合市场，这导致电影中展现出来的人物、情节、精神内涵与游戏中的相去甚远。当年饱受批评的《超级马里奥》正是存在这样的问题，电影严重脱离游戏 IP 的内涵，超级马里奥人物身份、性格和故事情节遭到大幅修改，直接导致观众大呼不满，电影的票房收入很差。《古墓丽影》相对而言算是成功的案例，电影还原了真实的游戏形象，主演的个人魅力在电影中凸显无疑，但《古墓丽影》的情节和故事主线仍然算不上优秀。

（3）第三种模式，即游戏公司与影视公司联合开发，分为游戏公司深度参与和游戏公司浅度参与两种。

游戏公司深度参与会对电影中的游戏人物形象、故事情节、世界观设定等有着比较好的还原，但如果游戏公司对电影的叙事方式和展现手法并不熟悉却过多地干预电影的制作，也可能导致拍出来的电影以惨败收场。例如，1994 年卡普空与电影公司合作制作《街头霸王》，在影片制作过程中卡普空与导演意见相左，卡普空希望将游戏中所有的人物（12 人）都放进电影中，导演则认为电影的主要人物不宜超过 7 个，因为一般观众只能记住 7 个主要人物，并以日本电影《七武士》举例说服卡普空。后来，卡普空却依旧要求增加人物角色，导致电影的剧情无法连贯起来。2009 年，卡普空参与的《街头霸王：春丽传奇》甚至改变了春丽标志性的人种特征，中国美少女春丽变成了金发碧眼的欧美女郎，本想迎合观众口味进行本土化的改编，结果却引得一片口诛笔伐。

游戏公司浅度参与会提升电影的商业性质，让游戏 IP 电影更市场化。《生化危机》便是其中的典型代表。对《生化危机》的真人电影版的评价呈两极化，游戏玩家认为电影违背了原作设定，且脱离游戏剧情，但是从电影的角度和对游戏的促进作用来说，电影确实在各方面拓展了《生化危机》的受众，并帮助其成为一个单独的品牌，影响力远超游戏。卡普空相关人士在回忆和好莱坞的合作时说，如果完全按照好莱坞的意思，电影版的《生化危机》会彻底变成另外一个故事。对此，很多卡普空内部人员表示支持，他们认为"随便卖一笔就好"，因为游戏和电影之间并无多大关联。卡普空最后还是对电影提出了要有相关性的要求。同时，卡普空对游戏策略进行了调整，让电影版的《生化危机》能够成为故事系列的一部分，这对后来《生化危机》的影游联动起到了关键性作用。尽管电影《生化危机》称不上是游戏的还原作品，但是其获得成功后所产生的巨大影响力扩大了游戏在欧美的用户市场。

3. 文本和技术的加工

从游戏到电影，需要先提取游戏 IP 的精神内容，再进行艺术加工。

（1）游戏 IP 的精神内容主要包括四个部分。

第一部分是人物角色的基本形象，包括面貌、身形、服饰、所持武器等。改编失败的游戏 IP 电影《街头霸王：春丽传奇》中的人物形象与游戏中的形象相去甚远，观众自然难以接受。

第二部分是游戏人物的精神内涵，主要指角色的性格、特征等，如勇敢、善良、智慧等特点。在电影《超级马里奥》中，马里奥被塑造成一个呆滞的形象，与游戏中的形象完全不符。在电影《魔兽世界》中，奥格瑞玛变成了寒霜部落的二酋长，他的告密致使整个部落陷入危难之中，后来他及时醒悟，在关键时刻挺身而出，补救了自己的错误。在游戏中，奥格瑞玛其实是一个伟大的帮助者，与电影塑造的形象并不完全一样，但观众对这样的改变表示满意，这样波折的过程让奥格瑞玛的人物形象更加丰满、生动，并且他犯错后勇敢担当的精神没有改变，这样的性格特点从游戏延展到了电影当中。

第三部分是游戏 IP 的世界观。游戏发展至今，故事情节慢慢丰富，并加入了许多文化元素来满足人们的需求。许多游戏都构建了宏大的世界观，电影《魔兽世界》所讲的故事只占整个《魔兽世界》游戏剧情的一小部分，以一部电影的信息量而言，要想把整个游戏的故事讲完至少要有 12 部影视作品才行。这样宏大的世界观，让观众进入了一个完全不一样的世界。

第四部分是游戏内的体验感。这种体验感包括两个部分，一个是以视觉、听觉为主的感官体验，一个是色彩、音乐搭配游戏剧情使用户感受更加真实的代入感。例如，在战斗时，音乐节奏加快，整体气氛变得紧张；当玩家被击杀时，屏幕会变成灰色，同时配上肃穆的音乐。游戏 IP 常会还原游戏中的场景，如 MOBA 类游戏中玩家的细节性操作、FPS 类游戏中的第一人称视角、RTS 类游戏中统御全局的掌控感，这些感官体验都很容易引起玩家的共鸣。

（2）所谓艺术加工，就是用电影的展现手法和表现形式将此前提取出来的内容呈现出来，其制作方式可以偏游戏导向，也可以偏市场导向。一般按照游戏的剧情发展、风格拍摄的电影就是以游戏为导向的制作方式，会还原游戏中人物的造型、场景，剧情与人物形象。电影《魔兽世界》在人物造型和场景的还原度上非常高，其成功的关键点在于在尊重游戏精神的同时，用电影的叙事方式讲述了《魔兽世界》的故事。电影中丰富的"彩蛋"，不时勾起玩家的回忆，引起玩家的共鸣。迎合市场选择游戏 IP 是以市场为导向的制作方式，题材大多是动作类、恐怖类、奇幻类，这些类型的电影一般都有不同于游戏的新剧情。《生化危机》《古墓丽影》就是典型代表作品。《生化危机》重新改写了剧情，创造了一个新的主人公，《古墓丽影》可以说是构思了一个全新的故事，两者对人物形象和战斗场景的还原度很高，并且各种游戏元素、游戏的表现手法被用在电影中。

4. 营销发行

在游戏 IP 电影制作完成后，电影的出品方会对受众进行细分，线上、线下相结合，通过核心受众影响其他受众进行营销。核心受众是指游戏 IP 粉丝，他们对游戏 IP 有一定的了解、对游戏 IP 有着不错的黏性，是营销的重点。除了游戏 IP 粉丝，还有一大营销对象是电影消费忠实受众，他们常会去电影院进行观影，对电影有着很强的消费力。在营销过程中，要针对核心用户制作出兴奋点，能让观众不由自主地把注意力集中到电影上，并与朋友、亲人交流讨论。营销发行还需要根据电影的火爆程度联合知名品牌，对目标受众进行线上和线下营销。

成功的游戏 IP 电影会正向促进游戏产品的销售。电影平台和游戏平台都会有相关资讯，良性的电影评价会带来良好的口碑和票房成绩，同时粉丝群体的受众也会相应扩大。优秀的游戏 IP 和游戏 IP 电影能延长游戏的生命周期，加深观众对游戏 IP 的认知，也会促进游戏公司开发游戏 IP 衍生品。如果游戏 IP 电影失败，会导致粉丝对游戏 IP 电影吐槽，使得票房成绩堪忧。对于非游戏粉丝观众而言，没有游戏的羁绊，这类电影将完全不在观影考量之列；对于游戏粉丝而言，虽然游戏 IP 电影拍烂了不会影响他们继续玩游戏，可这样的事情出现多次的话，就会弱化他们心中游戏品牌的价值。

五、游戏 IP 向电影的转换

1. 游戏 IP 电影的受众

什么样的游戏 IP 适合转换成电影？游戏 IP 转向电影的矛盾点又在哪里？这就需要考虑游戏 IP 电影受众的定位。在游戏 IP 转向电影的过程中，观众是电影获得收益的最重要因素。通常游戏 IP 电影希望能把原游戏玩家也纳入电影观众中，保证收益的最大化。就体验机制而言，游戏与电影有很多不同，游戏是通过人与机器的交互完成游戏体验的，具备很强的主观性，游戏中的玩家就是全场的主角，而电影是一种相对被动的体验过程，受众在电影之外观察、理解电影的故事情节，观影结束后与他人的交流、评论的传播行为是一种延时交互。主观与客观、主动与被动、实时交互与延时交互，游戏玩家观看游戏 IP 电影与其玩游戏的体验是完全不同的，观看游戏 IP 电影缺少了游戏中那种掌控感和代入感。

非游戏玩家选择进电影院看游戏 IP 电影，更多的是与电影的营销有关，具有偶然性。他们不热衷于游戏 IP，合理的剧情故事、震撼的视听效果、精湛的表演更符合他们的需求，而对于电影中的游戏元素，他们可能并不了解甚至很难察觉出来。

当人们去观看游戏 IP 电影的时候其实是有一个心理预期的，这个心理预期基于自己的生活、经验、游戏体验等。电影与游戏属于艺术，接受者在面对或者欣赏某个艺术作品时，需要对艺术作品有个大概的了解，明白自己想要了解什么，这样才能进入接受和欣赏的状态。当玩家进入影院观看游戏 IP 电影时，他就已经从玩游戏的心理定向进入了观影的心理定向，只是在观影的基础之上还怀着一些对游戏的期待。

如果将游戏粉丝作为观众核心的话，那么游戏 IP 电影应该尽量还原游戏，以游戏为导向。例如，美国动视暴雪公司的《魔兽世界》系列、腾讯公司的《英雄联盟》这种顶级的游戏 IP，《魔兽世界》巅峰期付费用户超 1200 万人，《英雄联盟》巅峰期月用户活跃数超过 1 亿人。如此庞大的粉丝量，加之游戏用户超高的黏性和消费欲望，可见游戏粉丝就是最稳定的票房资本。此外，粉丝还会成为游戏 IP 电影最有效的宣传者，会带动周边的人一同去观看。

如果是以市场为导向的商业片的话，一部好的电影要胜过一部反映游戏的电影。在已经拍出的游戏 IP 电影中，大部分取得不错票房成绩的电影的剧情与游戏有 80% 都不一样。《古墓丽影》的剧本是在游戏基础之上写成的一个原创故事；《寂静岭》则是结合游戏的一部和二部剧情改编创作而来的；《生化危机》的剧情则与原游戏相去甚远。尽管如此，游戏 IP 电影还是要以游戏受众为基础，扩大外围受众，游戏 IP 粉丝极强的用户黏性是最稳定的票房保证。同时，在影片上映时，游戏 IP 粉丝是观众的主力军，他们在观影后的影评会直接影响到票房的上涨或下跌。

2. 游戏影视 IP 的选择

什么样的游戏 IP 比较适合改编成电影？数据统计结果显示，票房收益游戏 IP 主要是恐怖、冒险类游戏和角色扮演类游戏。其原因不难理解，人们对电影本就有种猎奇的心理，游戏中各式各样的奇观得以展示在荧屏上，还是颇具吸引力的，如《刺客信条》中复杂的机关、潇洒的动作、神奇的故事背景，以及《寂静岭》中光怪陆离的世界、穿行于黑暗中的未知与刺激的感官体验。游戏 IP 电影的叙事方式应当遵从电影的叙事风格，不可拖沓冗长，如《最终幻想》中繁杂的叙事方式就让观众难以适应，导致失败。越是庞大恢宏的游戏 IP，在改编成电影时越不容易，因为人们对大 IP 的剧情理解更为深刻，对其作品的期待值也更高。因此，怎么将内容进行压缩或者节选就成了一个难题。相比之下，诸如《愤怒的小鸟》《植物大战僵尸》等作品创作起来就容易得多，主要是因为留给编剧和观众的空白越多也就越好发挥。

大多数改编成功的电影都是以市场为导向的，也就是拍好一部商业片，要选择游戏的部分内容，加之电影的表现手法和叙事方式，在保证原游戏玩家粉丝基础之上，尽可能地扩大 IP 的用户数量，增加 IP 价值。这就需要电影的趣味性与故事性并存，平衡游戏元素在电影中出现的比例，迎合受众的兴趣点和消费需求。

3. 游戏 IP 向电影转换的可能

游戏 IP 的生命周期较短，据统计，我国网络游戏对单个用户的平均寿命在一年以上的只占 80%。这里单个用户的平均寿命指的是玩家在游戏中持续花费的时间。这个指标既反映了玩家对游戏的黏性，也是衡量一款游戏能否可持续发展的重要因素。目前，游戏类型多元化发展，游戏 IP 电影也不再局限于动作、冒险等题材上。只要遵循市场规律，选择契合的电影类型，形成别具特色的电影制作风格，游戏 IP 向电影的转换就有了更多的可能。

目前，以玩家与玩家之间竞技为主的 MOBA 类游戏大热。这类游戏拥有大量的人物角色，每个人物角色都有一定的背景故事和性格特征。同时这类游戏还有大量的受众基础。《英雄联盟》试水了几次动画 CG，其 CG 中角色的技能和形象都获得了不错的展示，简单的剧情迅速调动了观众的情绪，并获得极大的好评。这说明 MOBA 类游戏在电影转换上的可塑性是很强的。

除了题材上的变化，随着新兴技术的加入，游戏 IP 电影的制作方式和体验方式也可能会发生变化。譬如 VR 技术，这种技术会带给人们一种全新的体验——将游戏身临其境的代入感和电影的华丽视听效果相结合，这也就不难看出为何很多人都看好游戏和电影的未来了。

第三节　电子竞技明星

一、电子竞技明星的基本情况

电子竞技明星大致可以分为两类：一类是电子竞技游戏内的明星，他们可以是拥有较高水平和影响力的在役选手、退役选手、解说或有一定名气的电子竞技游戏主播等；另一类是在别的行业拥有一定知名度后跨界进入电子竞技行业的明星。

电子竞技产业消费人群的核心是青少年，电子竞技明星的粉丝群体也以青少年为主。青少年较容易受到明星行为、言论的影响。不少主流媒体已经注意到电子竞技明星的影响力和其形象传播带来的一些问题。在 2018 年 2 月的《焦点访谈》节目中，央视点名批评 LOL 前职业选手卢本伟教唆粉丝骂人的行为。电子竞技明星的整体学历水平偏低，不少电子竞技明星在进入电子竞技行业之前的学业成绩并不理想。随着电子竞技行业的发展，其专业化和职业化的水平提高，对于电子竞技选手的要求也越来越高。但大众对电子竞技的认知仍存在一定的偏差，这与媒体构建的电子竞技明星的形象有一定关系。不少媒体以"网瘾少年"来构建电子竞技明星的形象，没有强调电子竞技选手的专业程度，认为电子竞技就是玩玩电子游戏，实际上玩游戏玩得好和成为电子竞技职业选手是有很大一段距离的。近年来，大量的电子竞技明星涌现，"简简单单打打游戏也能成功"这一认知偏差出现在不少青少年脑中。而青少年这样的认知偏差和对成为一名职业电子竞技选手的难度了解不足，很容易导致其放弃学业盲目进入电子竞技行业。

电子竞技明星在媒介上的负面形象，其本质还是电子竞技产业发展过快所产生的问题。在信息畅通、社交媒体高速发展的今天，电子竞技明星与粉丝之间的互动变得更加快捷，而当下便捷的传播渠道也让电子竞技明星很轻松便可向青少年传播自己的价值观，影响他们的价值判断。因而，一个好的电子竞技明星媒介形象，既可以提升自身素质，也有助于向受众传递积极向上的内容，对规范整个电子竞技行业有着重要的意义。

二、电子竞技明星的媒介形象

随着电子竞技行业的发展，不少电子竞技明星涌现出来，他们有着怎样的特点？下面具体来看一下。

1. 性别

在众多的电子竞技明星相关报道中，男性与女性比例差距悬殊，男性人数远高于女性人数。这一点不难理解，因为游戏玩家数量就是男性多于女性。通常拥有稳定的电子竞技项目和赛事观众就可以让电子竞技比赛健康运作起来，但就整体而言，男性运动员往往具备更高的竞技水平，所以很多项目都会有性别的分组。诸如 EWG（国际女子电子竞技俱乐部大奖赛）和 EGC（妹子杯女子全国争霸赛）等专门面向女性运动员的比赛给了不少女性运动员展示自我的舞台。尽管如此，女性电子竞技赛事在数量和质量上还是无法与男性电子竞技赛事相提并论。赛事的举办艰难让不少女子电子竞技俱乐部运营困难，因此不少女子电子竞技俱乐部在包装选手的过程中更加注意外形和才艺，而不是竞技水平。

2. 年龄

电子竞技明星的年龄分布主要在 18～30 岁和 31～45 岁两个区间。《全国电子竞技竞赛管理办法（试行）》明确规定职业运动员必须年满 18 周岁。这在一定程度上规范了电子竞技行业，防止心智尚未成熟的未成年人为了进入电子竞技行业而盲目辍学。电子竞技职业选手退役后并不会完全离开电子竞技行业，他们仍可以通过社交媒体、直播平台等媒介保持较高的知名度，甚至还有不少原本赛事成绩并不理想的职业选手在退役后转型解说反而收获极高的知名度。这一点在传统体育中是很少见的，一些关注度不高的体育项目的世界冠军在退役后很难保持较高的知名度。

3. 身份

在直播平台尚未兴起之前，受众接触到电子竞技明星的途径很少，主要依赖官方的报道。在 2007 年之后，一批网络解说通过自制赛事解说视频、游戏项目教学视频、游戏精彩集锦等网络视频节目积累人气，成为第一批非职业选手出身的电子竞技明星。这部分电子竞技明星常会以解说或主持人的身份出现在电子竞技赛事转播频道中，但他们在电子竞技明星中所占的比例一直不高，因为高质量的节目对专业技术有着严格的要求，而且粉丝积累也需要一个漫长的时间。因此，这样成名的方式难度相对较大。后来随着直播行业的兴起，非职业选手电子竞技明星比例上升，职业选手比例下降。

4. 职业形象

电子竞技明星以职业选手为主，最直观的正面形象就是电子竞技明星作为选手时在赛场上展现高超竞技水准的运动员形象，以及在失败之后坚持梦想永不言弃的形象。竞技总是残酷的，有胜者就必然有败者，而冠军只有一个，当面临困难时仍旧坚持拼搏也是电子竞技精神的一种。

三、娱乐明星与电子竞技

面对电子竞技广阔的市场，不少娱乐明星开始涉足电竞圈，并带动了电子竞技产业的发展。

2016 年 4 月，周杰伦以投资人身份正式宣布收购 TPA 战队，并且更名为 J Team 战队，主打项目是《英雄联盟》，J Team 战队在 2019 年以 LMS 赛区第一种子的身份闯进英雄联盟 S 赛。2016 年 9 月，林书豪宣布成立 DOTA2 战队 VGJ。2017 年 7 月，林俊杰宣布成立 SMG 电子竞技俱乐部，主打游戏为《王者荣耀》海外版本，SMG 在组建后不久便获得了 AIC 国际大赛冠军。2017 年 11 月，余文乐宣布收购台湾 AHQ 俱乐部旗下英雄联盟分部二队，组建 MAD Team 俱乐部，俱乐部包括"MAD Team 传说对决"与"MAD Team 英雄联盟"两个战队。

有娱乐明星加入的俱乐部可以利用明星背后的流量迅速打开市场，提升俱乐部的品牌价值，给俱乐部的商业营销带来积极的影响。就目前而言，游戏主播依旧是游戏平台的核心资源与竞争力，邀请娱乐明星参与游戏直播也仅是一个不错的引流手段。

公众娱乐明星越来越多地涉足电子竞技领域，也代表着电子竞技在大众中的普及。随着电子竞技自身的发展和周边环境的变化，电子竞技开始渗透到人们生活的各个角落，并且这样的趋势还会深入下去。一方面，电子竞技用户与观众稳步增多，女性用户所占比例上升，在移动端女性用户的比例已经超过总数的 20%；另一方面，在电子竞技的本质和内涵上，电子竞技游戏正逐渐转变为一种新的娱乐文化载体，在承载着大众娱乐与消遣的同时也悄然改变着大众的生活。

第四节　俱乐部的电子竞技周边产品和网店

电子竞技运动对电脑硬件和外设有着一定的要求，硬件的好坏会直接影响玩家的操作水平，因此大多数玩家愿意为电脑硬件在合理价格内买单。早期的电子竞技投资厂商多半是电脑软件和硬件的生产商，如雷蛇、技嘉科技等。这些厂商看中了电子竞技对年轻人的影响力并以此作为突破口进行营销，出售的主要商品有玩家平时使用的键盘、鼠标、显示器、主机、座椅等。后来，俱乐部开始尝试将俱乐部的品牌号召力和厂商外设相结合，推出带有俱乐部标志的电子竞技周边产品。厂商利用俱乐部的品牌价值盈利，俱乐部通过建立自己的淘宝店进行销售。WE 算是较早尝试这种模式的俱乐部之一，它在自己的淘宝店直接销售印有 WE 队标的产品，要求任何想要销售 WE 产品的网店都需要获得 WE 俱乐部的许可，从而牢牢地将俱乐部的品牌价值抓在自己手中。

随着这种模式的日益成熟，如今不少俱乐部都拥有自己的销售网店。从电脑主机、显示器、鼠标、键盘、耳机等，到电竞椅、比赛战队服装、游戏公仔、玩偶等，甚至一些人气选手的签名照和选手使用款外设，网店的生意非常红火。除了俱乐部，一些知名的选手和解说也会有自己的私人网店，且涉及业务广泛。

电子竞技俱乐部最初的市场推广始于网络论坛，后来随着人人网、微博、微信的出现，俱乐部的市场推广阵地也转移到这些方面。除了线上推广，有时俱乐部还需要选手参与赞助商的线下活动。电子竞技的受众群体具备一定的消费能力，他们在观看电子竞技比赛或参与电子竞技运动时，用专业的游戏键盘、鼠标，追求良好的游戏体验感已是普遍现象。所以网络销售与电子竞技受众群体的需求十分契合，网络销售也已经被证实在电子竞技领域是一条比较成功的市场化之路。

【本章习题】

1．网络直播平台的即时性和互动性在电子竞技游戏直播中有哪些体现？

2．当下电子竞技网络直播存在的四个问题是什么？

3．游戏 IP 可以向电影转换的四个理论基础是什么？

4．简述游戏 IP 转换的机制及流程。

第六章 电子竞技发展趋势

【学习意义】

本章是对前面几章的一个总结分析，对于理解电子竞技产业和探索电子竞技发展有很重要的意义。通过本章可以全面理解产业链、市场、资本、行业规范的发展趋势，认识到对电子竞技进行探究的重要性，为后面其他电子竞技课程的学习做好准备。

【关键词】

电竞内容　赛事职业化　赛事体育化　移动电竞　电子竞技娱乐化　电竞法律

【学习目标】

1. 了解电子竞技用户变化趋势。

2. 了解电子竞技市场的发展趋势。

3. 了解电子竞技专业化、娱乐化、移动化、全民化、行业规范化的发展过程。

4. 理解并分析电子竞技相关法律法规、电子竞技运动员注册制度等对于电子竞技产业发展的作用。

第一节 电子竞技专业化

一、电子竞技赛事职业化

电子竞技最吸引人的地方在于竞技水准，当电子竞技参赛者的技术水平达到一定高度，赛事就会具备很强的观赏性。目前，电子竞技赛事正在引进类似于 NBA 这样的传统体育运动主客场制的赛事方式。2018 年是中国主客场制元年，仿照传统职业体育赛事，中国电子竞技赛事由 LPL、KPL 率先开启联盟化与主客场制。KPL 效仿 NBA，将战队分为东部、西部两个地域，以增强对抗性与地域性。LPL 也在全国各大城市运营更多的主客场模式，OMG、LGD、SNAKE、WE、RNG 分别安家成都、杭州、重庆、西安、北京。电子竞技发挥了带动地域经济、增强地域文化凝聚力的作用。KPL 将开放共建、地域化、职业化，采取"工资帽"、第三方经纪制度、收入分享、转会制度等举措。其中"工资帽"限制了恶意高价挖掘选手打造"银河战舰"的现象，保障了赛事的公平性与对抗性，维护了整个联盟的利益，避免了因为互挖队员造成俱乐部成本上升的弊端，打造了一个稳定、长期可持续发展的生态环境。

在主客场制中，主场俱乐部的收入主要来自门票和商业赞助。门票与商业赞助受战队成绩影响较大，成绩优异的俱乐部入座率更高，得到的商业赞助也更多。主客场制能够让电子竞技走向大众，有效地调动当地电子竞技观众的参与，满足玩家到现场观看比赛的需求，同时它还会进一步提升电子竞技运动员与粉丝之间的互动程度。当电子竞技与特定的城市深度融合，电子竞技会创造出更多的电子竞技明星，电子竞技也能发展成一张城市的名片，而更加完善的赛事市场运营还可以吸引更多的商业投资。

主客场制的实行为实现娱乐化和地域化这两个战略目标打下了坚实基础。虽然游戏自身的互联网属性使得大部分的比赛和观赛都可以在网络上进行，但如果将视野从游戏本身扩大到竞技体育赛事的角度，主客场制对赛事的观看体验是有着本质的提升作用的。主客场制给玩家带来更优的线下观赛体验，如同传统体育一样，赛事现场的热烈氛围、共同分享胜利的喜悦等，都是观众们愿意购买门票进入现场观赛的重要原因。

二、电子竞技赛事体育化

我国电子竞技俱乐部历经四个阶段，依次为业余战队、半职业战队、职业战队、职业俱乐部。电子竞技市场蓬勃发展，综合性职业俱乐部出现，内部分工不断细化。目前我国职业电子竞技俱乐部主要包括投资人、经理、领队、教练、选手等。投资人是俱乐部的拥有者，经理负责俱乐部的运营管理，领队主要负责战队的比赛和训练。俱乐部开始注重选手形象，向传统明星的方向包装选手。

除电子竞技俱乐部日益完善之外，电子竞技运动也正逐渐脱离网络游戏的发展模式而走上赛事体育化的道路。电子竞技产业的构成与传统网络游戏产业有着明显的区别，传统网络游戏产业是围绕游戏版权和游戏本身而产生的产业，而电子竞技产业是围绕电子竞技核心赛事而产生的产业。电子竞技产业的产业主体是电子竞技赛事的传播，用户是观看比赛的观众而不只是玩游戏的玩家，在这一点上电子竞技产业与体育赛事产业是类似的，这也是电子竞技能够走上赛事体育化道路的重要原因。

电子竞技赛事的体育化能更好地发挥体育的教育功能，并克服电子竞技本身存在的一些问题。以最早实现电子竞技职业化的韩国的发展经验为例，在电子竞技赛事体育化之后，普通玩家会将更多的时间用在观看赛事、传播电子竞技文化、畅谈电子竞技话题等活动上，这有利于将电子竞技往积极健康的方向上引导。根据相关数据统计，在观看游戏视频的玩家中有接近四成的玩家已经不再玩游戏，他们仅是以观众的身份参与到电子竞技产业中。当下最流行的电子竞技游戏，如《英雄联盟》《DOTA2》《CS:GO》等也有23%的观众仅观看赛事而不参与游戏。在我国电子竞技赛事体育化之后，线上向线下拓展，更多的玩家会从电脑游戏中走出来参与到电子竞技线下的各种电子竞技赛事娱乐活动中去。

第二节　电子竞技娱乐化

一、内容形式娱乐化

近年来，电子竞技产业与娱乐文化产业融合的趋势越来越明显，越来越多的影视娱乐明星出现在电子竞技行业中。电子竞技运动员和游戏主播受到粉丝的热烈追捧，电子竞技成为新时代的一种消费形式和产品。电子竞技娱乐化不单是指游戏产品，电子竞技选手、电子竞技赛事等多个方面都有可能，即更倾向于打造一条电子竞技娱乐生态链。无论是电子竞技选手、俱乐部还是电子竞技赛事，进入娱乐领域的目的都是获得更高的关注度：选手希望通过优异的表现提升个人价值；俱乐部期待高关注带来新资本的注入、获得融资、提高俱乐部品牌价值；赛事则可通过提高曝光度，宣传举办赛事企业的产品，获得赞助商青睐。在影视娱乐明星进入电子竞技行业的同时电子竞技行业自身也开始了明星培养计划，一些电子竞技职业选手和游戏主播受到粉丝追捧的程度堪比娱乐明星。目前影视娱乐产业有着巨大的影响力，电子竞技与影视娱乐行业的合作可以提高电子竞技的普及度，加速电子竞技泛娱乐化的进程。

虽然电子竞技有着天然的娱乐性和互动性，电子竞技与娱乐有着非常多的结合点，但还是存在一些问题。首先，电子竞技行业经验丰富的娱乐内容制作团队非常稀缺，很多内容都需要专业的包装制作或节目策划，倘若刻板地将传统娱乐行业的运作方式套用在电子竞技明星身上，会让节目显得不伦不类。其次，对电子竞技明星特别是职业电子竞技选手的娱乐化包装会影响选手的成绩。对一些电子竞技职业选手的过度娱乐化包装，虽然能吸引更多的粉丝，促进电子竞技产业的发展，但过度娱乐化势必会影响选手训练的心境。曾经出现过名噪一时的战队在成名后因过多地参与娱乐活动甚至参演影视剧导致成绩下降的现象。再次，就是如何将电子竞技游戏中的要素与特点在现实中展现出来，如《绝地求生》这款游戏中惊险刺激的场景和步步为营、小心谨慎的气氛怎样才能与真人秀娱乐完美地结合起来，是值得深思的。

二、电子竞技泛娱乐化

据统计，S8 英雄联盟 iG 与 FNC 的总决赛有 9960 万个独立观众，iG 夺冠的消息迅速霸占热搜。电子竞技已经不再是小众的娱乐活动，已经成为当下热门的娱乐方式，并且已经聚集了相当多的用户，形成了庞大的用户圈层。不断增长的用户、较好的网络基础，以及用户高活跃度、年轻化、高黏性、付费意愿强等特点，都让综艺娱乐市场看到巨大的流量红利。

目前市场上的电子竞技综艺节目大致可以分为两类：一类是以"玩游戏"为节目主要

内容，通过嘉宾在游戏中的操作、谈话等形式展现综艺效果；另一类是以电子竞技作为题材，将综艺与电子竞技结合起来，深挖电子竞技游戏的关注点打造节目。两者的区别在于一个偏向竞技对抗，另一个偏向明星娱乐。对于"硬核玩家"而言，他们想看到的是一场高水平的赛事对局，体验酣畅淋漓的竞技感，这样可以顺带提升自己的游戏技术。对于娱乐玩家或非电子竞技游戏用户而言，过分专业的电子竞技节目会让他们难以理解，他们的核心需求不是高强度高对抗的比赛画面，明星娱乐加上一点电子竞技元素就足矣。韩国的电子竞技综艺节目《就一局》就是以明星作为主要嘉宾的节目，它提供了一个可以让粉丝了解自己的偶像在打游戏时的真实状态的窗口，满足了粉丝的好奇心。

《王者荣耀》和《英雄联盟》已经开始举办各自的真人秀节目，分别叫《终极高手》和《超越吧！英雄》。《终极高手》中的 4 位明星经理人作为引路人，筛选出优秀的选手成立战队，最终的获胜者将获得登上 KPL 职业联赛舞台挑战巅峰的机会。《超越吧！英雄》从全国挑选了 101 位《英雄联盟》玩家、选手和 3 位明星队长，通过多轮竞技完成战队组建，最终竞逐 LPL 明星召唤师战队的冠军。根据专业化程度，电子竞技综艺节目开发出多种题材。例如，《终极高手》是素人高手玩家比拼的养成类选秀节目，《峡谷搞事团》是"主播+网红"的"专业+娱乐"情景式教学赛事，《电竞不凡》是专业队与素人队的对抗，《集结吧王者》是明星参与的电子竞技对抗。电子竞技节目的分工趋势愈加明显，明星或网红是流量担当，高手玩家是专业担当，两者各司其职、示强藏弱，同时强化故事和人物塑造。这也是目前电子竞技综艺节目提升娱乐性、大众性的方式。

第三节　电子竞技移动化

一、移动电竞的特点

移动电竞能够迅速发展与其自身的社交性和娱乐性有着密切的关系。玩家能够从游戏中获得快乐是一款游戏的根本，同时游戏的社交性可以帮助玩家更好地探索游戏，玩家与玩家之间的交流可以保证玩家对这款游戏的黏性。目前市面上较为成功的移动端电竞产品在社交性上都是下足了功夫的。

客观来讲，移动端电竞游戏的发展是一种必然的趋势。纵观电竞游戏的发展，其从早期需要大量时间去练习的格斗类游戏、即时战略类游戏，发展到更加注重个人体验感的多人在线类游戏、第一人称射击类游戏。在电竞游戏逐渐增加个人体验度时，游戏的开发者也在缩短玩家们熟悉一款游戏的时长和结束一次完整的游戏的时长，以求玩家们可以用更少的时间去感受游戏的乐趣。所以，电竞游戏移动化的发展是必然的，且移动电竞的特点与当下年轻人的生活习惯非常相符，其碎片化、游戏时长短的特点让在校生和白领在学习与工作之余都有充足的时间进行游戏体验。随着这些移动端年轻用户的成长，他们身上的巨大消费力也会反作用于移动电竞。

在电竞游戏中，无论是为最佳表现者点赞的设计，还是天梯、排行榜机制，在突出游戏竞技氛围的同时，还强化了游戏中用户间的信息交互，这一体系成了电竞游戏社交属性的核心基础。可以根据用户与用户之间的联系及互动频率将社交分为强社交与弱社交。游戏里的强社交元素包括互加好友功能、战队组队功能、游戏实时语音、互发表情包/音效，以及玩家在游戏中衍生出的组建工会家族、结拜师徒、约战 PK、互报开黑等；游戏里的弱社交元素包括广播、世界聊天、天梯、各类排行榜、观战模式，以及第三方直播、电竞赛事平台、大神专区、粉丝化运营、游戏论坛社区、相关视频讨论区、YY 群、电竞 QQ 玩家群、玩家聚会等。手机作为通信工具，附带个人属性，移动端社交需求强烈。用户极易将游戏内社交内容延展至相关话题的社区客户端、直播及视频 App、自媒体平台、即时通信平台等，实现由弱关系到强关系的深化。

电竞游戏是以玩家为主体进行竞技对抗的，在移动电竞游戏中用户的传播效应会强于其他游戏。以《王者荣耀》为例，在 2017 年春节期间，它借助用户的传播效应，用一种病毒式的传播方式让玩家群体迅速扩张。电子竞技的游戏机制也为其社交性的展示提供了便利，由游戏内角色扮演衍生出的不同游戏分工带来两方面的影响：一方面，游戏内部人际关系互动形成虚拟社交关系和虚拟社交活动，维持着线上游戏玩家的关联度；另一方面，游戏本身正成为一种社交方式，现实中的人也会因为游戏而联系到一起，线上虚拟社交和线下现实传播交错结合并共同拓展社交渠道。移动电竞更注重社交属性，可以为了扩展用户群体而降低操作难度。

移动端的赛事相比 PC 端的赛事也有着自己的优势。与传统 PC 端电竞赛事相比，移动端电竞赛事的节奏更快、更激烈。以王者荣耀 KPL 和英雄联盟 LPL 的赛事进行对比，加上 BP 环节，一场 KPL 的比赛时长一般超过 20 分钟，一场 LPL 的比赛时长则一般超过 40 分钟。较短的比赛时长能让选手和观众更好地将注意力集中到比赛上，越长的比赛时长越考验选手和观众的体力与耐心。未来的移动电竞游戏在注重竞技性、观赏性的同时依然会保持社交性、低操作难度和高娱乐性等特点。

二、移动电竞的兴起

随着手机终端的创新和手机应用软件的不断丰富，用户的体验不断升级，智能手机成为人们上网终端的趋势也愈发明显。此外，我国手机用户对手机的依赖性进一步增强，智能手机的普及和丰富多样的手机软件，促使手机用户更多地使用手机。移动电竞是电竞在移动互联网时代的产物，移动电竞的兴起与时代的发展不无关系。移动智能终端普及、Wi-Fi 覆盖率提升，以及 4G 技术的发展让用户使用的行为习惯发生倾斜，移动电竞随之兴起。

随着移动电竞产品的增多和移动玩家数量的不断扩张，越来越多的网络用户将上网方式从电脑转移到手机上。手机游戏可以满足用户随时随地娱乐的需求，手机游戏质量的提高和手机游戏的重度化发展进一步缩减了用户玩 PC 游戏的时间，甚至一部分手机游戏替代了 PC 游戏。PC 游戏向手机游戏的转化，可以充分调动潜在用户的积极性，满足用户对电竞游戏竞技性和观赏性的需求。不过，移动电竞能否登上更大的电竞舞台，竞技性是其不可或缺的考量因素。目前市场上的手机游戏很多，但多数存在竞技性不强、内容相似、观赏性差等问题。此外，受移动电竞载体的影响，即使研发出易于操作的游戏产品，其游戏体验感还是难以和 PC 端的键盘、鼠标的操作相媲美，这就需要对移动电竞载体——手机终端进行改良才能解决。

三、移动电竞的发展策略

1. 提升产品质量，完善游戏设备

通过 PC 端电竞的发展规律可以得出这样一个结论：需要耗费玩家大量时间的重度化大型游戏是电竞行业的基石。以 PC 端电竞为例，正是《魔兽争霸 3》《反恐精英》《DOTA2》《英雄联盟》这些精品游戏产品的存在，电子竞技才得以顺畅发展。移动端涌现出一些拥有竞技元素的大型重度化手游产品如《刀塔传奇》《全民枪战》《王者荣耀》等，它们为移动电竞的发展奠定了初步基础。可以这样说，移动端电竞游戏中优秀的、具有代表性的游戏

产品数量的多少决定着移动电竞未来的发展空间和发展潜力。智能手机作为移动电竞游戏的载体，其性能直接影响用户的游戏体验和比赛的观赏性。此外，操作性是电子竞技的基础，目前移动电竞被自身载体的问题所限制，所以后面可能会出现专门适配于移动电竞的专业手机或相关专业硬件设备。

2. 构建移动电竞生态圈

电竞及其衍生的移动电竞具有较高的参与价值和观赏价值。作为体育产业的一部分，移动电竞的发展更能带动相关文化业、信息业、制造业等的发展。为了使移动电竞行业能够良性发展，政府部门应该制定更为完善的法律法规体系、出台相应的扶持政策，以规范行业秩序，促使其更快地迈入正轨。具体从以下几个方面着手。

在手游产品上，加强知识产权和版权保护；在职业化方面，加强职业玩家的利益保护、实行运动员注册制度，完善职业或半职业运动员的保障机制；在赛事方面，加强对裁判员的培训工作、制定比赛章程，确保比赛的公平性、公正性和公开性；在赛事内容传播上，应对相关网络直播平台进行审查，对一些与赛事内容无关的或有擦边行为的主播进行封禁。

移动电竞的经济利益和体育竞技的平衡问题也会决定移动电竞的发展命运，因此移动电竞生态圈的建设变得非常重要。建设移动电竞生态圈就需要保障电竞体育竞技的本质，淡化经济效益，营造公平的竞技环境和平台，用优秀的竞技类游戏产品培养用户的忠诚度、用公平的比赛环境回报用户的热爱。当移动电竞拥有成熟而稳定的用户基础之后，不同项目的电竞游戏会产生许多优秀的玩家，线下专业移动电竞赛事或线上娱乐赛事就能得以举办，移动电竞生态圈也得以快速构建。

3. 完善移动电竞产业链

移动电竞有效借鉴 PC 端电竞的发展，仅仅用一年多的时间就形成了初具规模的产业链。在完善移动电竞产业链的同时可以继续模仿 PC 端电竞，但两者的差异仍需注意。移动电竞与 PC 端电竞不同的是，移动电竞中游和下游部分的基础不够扎实，主要依赖上游的运营商。在完整的电竞产业链中，中游部分的赛事运营是核心，下游部分的产业延展部分可以反哺上游和中游，所以中游和下游的建设对完善移动电竞产业链和实现产业链形成闭环有着重要的作用。

在中游的赛事运营上，俱乐部需要做好选手的选拔、培养和保障工作，赞助商需要进行商业化与体育化结合运营，相关监管部门应做好监管工作。在中游的媒体渠道方面，各直播平台、视频网站和电竞媒体则需要开发出便于玩家观看比赛的技术，并做好移动电竞赛事内容的传播工作。

下游的电竞电商、游戏周边作为整个产业的"造血"机制，需要具备变现能力。移动电竞电商则可模仿 PC 端电竞培养主播、打造明星选手以发展粉丝经济，自媒体视频以内容为王的产品实现 IP 变现，或以广告、虚拟物品出售为主。基于移动电竞在手机端开展的缺陷，游戏周边应以开发和售卖移动电竞游戏手柄等辅助性的外设装备为主。此外，还可以像 PC 端电竞一样售卖皮肤、手办、海报、玩偶和文化服饰等周边产品。

当移动电竞的上游、中游和下游达到良性衔接后，其产业链就能实现生态循环，而移动电竞拥有自身"造血"能力，则有助于减小其对资本市场的依赖。

第四节　电子竞技全民化

一、电竞文化的传播

电竞的游戏内容、网络传播的内容带着高娱乐性、高趣味性的文化特质，这种文化的本质就是娱乐，是一种典型的满足精神和心理需求的消费文化。在电竞游戏中培养出来的团队意识和灵活多变的思维方式可以有效地运用到生活中；观看电竞直播，可以缓解身心、学习主播的游戏技巧从而提升自身操作；电竞赛事的举办可以促进不同地区甚至是不同国家的文化交流，增强团队凝聚力；电竞相关综艺、书籍、影视，以及其他的电竞活动也满足了受众对电竞文化和相关文化产品的需求。

一方面，电竞文化的传播内容正往多元化的方向发展。电竞本身就有着优质的游戏内容，而随着用户量的扩大，电竞内容的影响力也逐步扩大。例如，以 FPX 战队夺得英雄联盟 S9 总决赛冠军为例，"你怎么看，FPX 3-0 战胜欧洲强敌 G2 夺得 S9 总决赛冠军"这个话题轻轻松松就有上千万的话题阅读量。另一方面，电竞文化的传播内容也在不断丰富，以赛事为核心的发展模式逐渐过渡到以电竞 IP 为核心的发展模式，综艺、音乐、小说、动漫、电影、电视节目等都可以成为其覆盖的领域。

二、用户量增加

以《英雄联盟》为例，它在拥有庞大用户的基础上，建立了完备的赛事体系来维护用户的黏性。一般来说，随着时间的流逝，许多用户将逐渐离开主流用户——16～30岁这个年龄圈，但赛事及其周边依然让那些曾经的玩家们保持着对《英雄联盟》的关注。一方面，老的电竞游戏玩家由于游戏产品和赛事的逐步完善没有完全离开；另一方面，新的电竞游戏产品的不断丰富也吸引了此前未曾涉足游戏圈的用户加入，这让整个玩家的基数不断扩大。除此之外，电竞用户的主要用户群体也不再局限于男性用户，随着移动电竞和电竞娱乐化的发展，越来越多的女性用户涌进。硬件设施与网络的发展，也让低线级城市和乡镇居民用户成为电竞产品的忠实拥趸。

电竞内容的扩大也会带来电竞用户的持续增长。电竞内容包括电竞赛事、电竞节目、个人游戏直播或新型的内容传播方式。电竞内容兼具娱乐性与观赏性，可以与观众产生良好的互动效果。不少用户已经不再是电竞游戏产品的玩家却依然保持着对电竞游戏的关注。实际上，电竞游戏用户正在逐步转化成电竞赛事观众，且仍有大量的观赛需求未被满足。因而，在电竞内容、接触和观看电竞内容渠道愈加丰富的多元化时代，电竞用户将保持持续增长。

三、电视转播

就当代年轻人而言，传统电视节目早已不是获取信息的首选渠道，微信、微博、直播平台等已经成为主流。对电视台而言，转播电竞方面的内容意味着吸引年轻用户群体；对电竞而言，传统电视这个媒介意味着更为"正统"的传播途径。虽然电视这个媒介在内容传播领域不具备绝对的统治力，但电视媒体仍是我国覆盖范围最大的媒体，可以想象，如果电竞赛事可以在电视上播出，庞大的电竞用户群一定会给电视媒体带来更多的观众。电视媒体对公众的思想有着不可替代的影响力，电视转播的开放会使得电子竞技全民化的进程加快，而且它带给电竞的舆论正能量效应也是不可忽视的。

在众多的电竞游戏类别中，体育类电竞是最受电视台青睐的。当然，随着电子竞技全民化，不只是体育类电竞，其他类型的电竞也可以成为电视台的选择。2016年8月14日，央视《新闻 30 分》节目史无前例地播出中国 Wings 电竞战队在美国西雅图刀塔 2 国际邀请赛总决赛上夺冠的消息。2017 年 6 月 3 日晚，广东体育频道全程直播 FIFA ONLINE3 职业联赛第四赛季总决赛，成为近几年来首个直播电竞职业比赛的电视台。当时广东体育频道的《超级游戏》栏目希望能够有更多除棋牌类游戏外的游戏竞技项目加入，恰逢《FIFA ONLINE3》即将公测，于是该栏目便决定打造一档足球专业人士与媒体人、游戏爱好者一起聊足球、打游戏的节目。

第五节　电子竞技行业规范化

一、法律

（一）我国电竞相关法律制定所面临的问题

1. 法律依据不充分

世界上大部分国家都已经制定了相对严密的法律来规范各类体育行为，以保障体育制度的严格实行。我国在 1995 年颁布的《体育法》如今已经不能很好地应用于信息技术所衍生出的电竞运动了。《体育法》属于"体育"类别的法律，但电竞运动与传统体育运动还是有较大的差别的，《体育法》中存在不少的立法空白和相关法律缺失。

就目前的相关法律来看，当一名电竞运动员的正当权益受到侵害时，他很有可能得不到充分的保护。运动员作为一个特殊的群体应享有一定的权利，但目前这部分相关法律是缺失的。

电竞运动对反应力的要求非常高，一般从事电竞职业的多是年龄在 30 岁以下的青少年群体。同时，电竞运动员也需要保持高强度的训练，每天至少要达到 10 个小时的训练时间，这对电竞运动员的体力、精力耗损很大，所以开始训练的电竞运动员不少是在 18 岁以下的。因而关注未成年电竞运动员的身心健康是特别重要的。一方面，电竞运动需要长时间的精神高度集中和配合训练，电竞运动员也会长期处于一个固定的坐姿和键鼠训练姿势，这些会给青少年的身体带来不小的伤害；另一方面，电竞运动员在电竞运动中难免接触到带有暴力色彩的游戏内容,而未成年电竞运动员因为阅历不足、价值观不够成熟等,很容易受到游戏中的某些内容的引导。所以,电竞俱乐部应设立心理辅导员和心理咨询师以帮助未成年电竞运动员解决在训练和比赛过程中产生的各种心理问题。

2. 纠纷解决机制不健全

随着电竞职业化的发展,行业内会产生诸多分歧,如果这些分歧没有得到妥善处理就很容易形成纠纷。《体育法》第三十二条规定,在竞技体育活动中发生纠纷,由体育仲裁机构负责调节、仲裁。但到目前为止,我国尚未建立完备的体育仲裁制度和体育仲裁机构。基于这样的情况,目前发生的大多数电竞体育运动纠纷只有通过行政部门和体育运动协会内部协商解决,而这种解决纠纷的方式并不符合电竞运动规范化发展的原则。在电竞运动中,通过仲裁决议的前提是纠纷双方均认可仲裁协议并愿意以此种形式解决问题。如果纠纷双方对仲裁协议不认可或者协议无法生效,那么纠纷双方只能采用别的方式解决问题。

3. 缺乏监管机制

电竞运动在经历长期的发展后早已成为我国合法的运动项目。"代打""假赛""无序转会"等缺乏体育精神的行为一再出现,除了电竞行业本身的过度营销和过度娱乐化的原因,在很大程度上也体现了电竞行业法律监管制度的缺失。一方面,没有建立全国性的电竞协会和电竞管理机构来规范和管理电竞相关产业和赛事。目前电竞运动作为体育项目,是由国家体育总局、国家新闻出版广播电影电视总局、教育部等共同管理的。这样多部门管理的形式容易造成各部门工作上的互相限制和相互推诿。另一方面,电竞行业的规范化发展离不开法律的监管。面对电竞行业内出现的种种问题,法律监管方面的空白让许多问题不能得到妥善解决。如电竞商业化的发展和运动员体系的协调、选手与直播平台的关系、俱乐部与战队的暗箱操作,这些都是当下亟待明确和规范的部分。

(二)国外电竞相关法律的发展

1. 美国

在美国,优秀电竞游戏的研发与电竞运动员的选拔和培养同样重要,两者的同步发展使得美国在电竞领域大展身手。美国是电竞赛事举办最多的国家，并且它的大众参与度与互动性都非常不错。与美国在电竞行业的发展相对应，美国在电竞相关法律制定方面也积累了不少经验，甚至在电竞赛事体系中会配有专业的竞技律师团体，非常注重保护电竞选手的权益。然而美国至今也没有明确的电竞相关法律条文，更多的是游戏相关领域的法律。美国有专门的娱乐软件部门（Entertainment Software Ratings Board，ESRB）根据游戏内容的不同对游戏进行分级和针对不同的年龄层来制定相关法律，如此能有效控制未成年人接触到不适宜自己年龄段的游戏内容。在违法处罚方面，如果有人违反 ESRB 的协议，就会被判处最高 1 年以上的徒刑及罚款 2000 美元。虽然这不能完全杜绝游戏灰色地带的交易，但也起到了不错的威慑和惩戒作用。

在未成年人保护方面，美国印第安纳州的《未成年者游戏限制条例》中提出如果没有监护人的看管，未成年人不得参与暴力色情的游戏，如果网吧经营者在 1 年内向未成年人提供不合规定的游戏机会被举报的次数达到 3 次，就会被罚款 200 美元并不再允许进行网吧经营。

2. 欧洲

德国以"肌肉运动标准"作为划归体育运动的界限，很明显，电竞运动缺乏肌肉运动，因而德国奥林匹克运动联盟认定电竞运动不符合体育运动的标准。

欧洲的另一个电竞强国法国，在电竞行业上已经形成了非常多的专业团队，并为电竞单独立法——《数字及电子产品管理法》。

法国政府认可电竞运动是体育运动项目，并给出数字和电子产品具体的未来发展方针。法国政府还不遗余力地宣传电竞的正面影响，并针对电竞带来的负面影响进行积极疏导，以确保电竞行业的健康发展。

下面选取了法国发布的有关电子竞技报告的部分内容。

（1）区分赌博和电竞运动。在第一版的立法中已经出现过该主张。它的目的在于防止电竞运动的线下活动涉及赌博。电竞立法的第一步是要让电竞合法化。

（2）未成年人参与游戏要告知自己的父母。很多比赛已经有了未成年人参赛家长告知机制。与电竞有关的要求若法典化将会有积极的意义。

（3）未成年人应当将他们的收入存入专项基金中。在法国，从事模特、运动、演艺行业的未成年人需要遵守针对他们的收入的特别立法。这些规则的目的是在他们成年之前保护他们的收入，并将保护范围扩大到电竞行业。

（4）区分泛欧游戏信息组织的游戏评级和该游戏对应的电竞评级。因为电竞并不展示游戏的全貌，在电竞游戏中应该拥有和原有的泛欧游戏信息组织不同的评级。

（5）电竞专业人士的定期合同。这是一个困惑电竞队伍多年的重要问题——队员的法律地位。初步的解决方案是让职业选手签订与法国的传统体育竞技行业相同的合同，那么职业选手将会最终避免自主创业者身份的陷阱。

3. 韩国

韩国被誉为世界电竞强国，在电竞相关法规制定上也为我国提供了很多经验。韩国力求打造出一个良性循环的生态系统和构建出一个广泛完备的电竞体系，这两点在韩国的电竞节目、电竞娱乐、电竞赛馆、版权、外挂的法律制定等方面便可窥见端倪。

2005 年韩国政府颁布了《文化产业政策十年，评价与展望》，其中提到有关电竞文化的进一步提升和保持电竞产业的活力的内容。首先要保证电竞团队的构建，以电竞用户为核心，并逐步完成专业的电竞赛事场馆的搭建；其次是重视与其他国家的合作，共同发展电竞文化产业；最后是进一步完善法律系统和监察系统。2010 年，韩国文化产业振兴院为促进电竞的发展，结合近年来电竞的成果和存在的问题，有针对性地制定了一系列发展规划。

1）《游戏产业振兴相关法律》

具体内容有以下几点：

- 把游戏作为振兴文化的起点，建设以游戏为目的的公共文化设施；
- 注意在游戏发展过程中对网络成瘾的预防检查、治疗等相关工作；
- 保护游戏产品的知识产权；
- 保护游戏使用者的权益，尤其是青少年玩家；
- 支持互联网游戏运动。

2）《电子竞技特别法》

该法案明确了政府将对电竞产业的持续扶植、管理和推广作为长远国策；明确电子竞技定义及关联术语；从资金投入、人才培养等多角度提供了全面可行的扶植方式和途径等。

基于该法案，将违反合作协议的行为判定为违法行为，同时违法者将面临高达 4.3 万美元的罚款或长达 5 年的监禁处罚。

3）《精神健康法案》与《辛德瑞拉法》

作为一个游戏产业高度发达的国家，韩国的游戏沉迷现象非常严重。韩国政府也一直在对青少年游戏玩家进行引导，保证他们有充足的学习和休息时间。《精神健康法案》的颁布是为了防止游戏上瘾对韩国产生负面影响。《辛德瑞拉法》中规定 16 岁以下人员在晚 12 点到次日早 6 点禁止玩网络游戏。

（三）电竞发达国家的法律法规带来的启示

相较于欧美和韩国，我国的电竞法律法规目前尚不完善。针对我国目前电竞法律法规方面的欠缺和空白，我国应该参考电竞发达国家的相关法律法规，建立起现阶段符合我国电竞产业发展的法律法规体系，为我国电竞产业的发展保驾护航。

1. 增强政府的支持力度

政府的支持对电竞产业的发展是无比重要的。韩国政府非常重视电竞产业在韩国的发展，电竞产业也给韩国带来了丰厚的回报。在中国，虽然早在 2003 年电竞就已成为国家认可的体育类竞技项目，相关的机构也进行了正式比赛，但并没能推动电竞运动的发展。在目前中国电竞体育产业市场不够成熟的情况下，如果没有一个良好的法律法规环境，那么电竞产业是很难发展的。电竞运动不仅是一种新的竞技运动形式，而且是信息技术高度发展的产物，它对社会发展的影响力也会日趋明显。就政府而言，应该采用正确的态度对待电竞，加之合理引导，帮助电竞进入正确的运行轨道。要实现这个目标，政府在法律和政策上提供的支持与引导是必不可少的。

2. 建立电竞游戏分级制度

电竞产业体系的日趋完善和电竞市场的扩张已然成为影响电竞发展的主要因素。一些游戏研发商和运营商为了获得丰厚的利润，研发出各式各样不符合标准的网络游戏，严重影响了青少年的身心健康。所以，为了加强对青少年的保护，需要建立相对完善的电竞游戏分级制度。现在，除了欧洲的分级标准 PEGI，韩国、日本、新加坡等亚洲国家也都建立了针对本国游戏市场的游戏分级执行与管理部门。为了促进我国电竞产业的健康和谐发展，可以借鉴电竞产业发达国家的游戏管理经验，加速建立起完善的电竞游戏分级制度。

电竞运动的火热发展直接推动了游戏产业的发展，而如何在保障用户体验的同时防止玩家沉迷、划定游戏的边界、定位游戏的适龄人群也正成为当下亟待解决的问题。游戏属于出版类，所以只有符合出版标准的游戏才能发行。政府想要重视游戏的分级制度，就需要相关部门加强对数字网络游戏的监督管理，并且加速电竞游戏分级制度的落实。

3. 保障电竞运动员的权益

保障电竞运动员的权益是我国电竞行业规范化管理非常重要的一部分。电竞运动员是竞技类体育运动的主体，是构成电竞体育的基础，没有电竞运动员的精彩操作，也就没有赏心悦目的比赛，所以保障电竞运动员权益是重中之重。就目前而言，我国关于电竞运动员保障的相关法律法规仍有不少空白需要补充，在这点上可以参照法国——法国通过立法承认电竞运动员和传统体育运动员具有相同的职业性，并对电竞职业选手的合同做出了明确的规定。我国关于电竞运动员权益保护的法律法规相当少。在大多数的法律、行政规章中主要是规定电竞运动员的义务，而对电竞运动员的权益少有提及，这也使得我国电竞运动员权益受到侵害的现象较为普遍。所以，在确认电竞运动员合法地位的基础上，应当明确电竞运动员的权益，并给出具体明确的法律规定，建立起规范的保障机制。

4. 设立专业的监管部门

在监管方面，韩国政府设立了一个专门管理游戏的部门 KeSPA（即韩国职业电子竞技协会），是韩国唯一一个既有政府支持又担当管理者的部门。除了管理战队和俱乐部，韩国职业电子竞技协会还要发掘和培养新人为电竞产业输送新鲜血液。在中国，电子竞技行业有其自发形成的中国电子竞技俱乐部联盟，简称 ACE，其核心职能在于有效地进行赛事筹备，以及针对行业选择做出相应认证等基本流程操作。相对而言，韩国职业电子竞技协会具备更高的专业水平，其在职能分配和部门管理方面也更加完善。监管机构是电子竞技全面发展的保障，如韩国职业电子竞技协会在拥有政府背景，监管效果显著，在比赛中能结合不同的情况做出准确的判断，并形成报告和明确的处理意见，保障了对电竞行业和电竞职业选手的最高监管力度。为进一步推动我国电竞行业规范化进程，国家体育总局及中华体育总会起到了非常关键的管理和监督作用。在我国电竞产业的管理上，并不能盲目照搬国外经验，要立足我国国情，依据我国特点进行法律制定，完善有中国特色的电子竞技法律规制。

二、政策

1.《关于促进消费带动转型升级的行动方案》

2016 年 3 月，国家体育总局牵头举办全国移动电子竞技大赛。2016 年 4 月，国家发展改革委发布的《关于促进消费带动转型升级的行动方案》明确提出要"开展电子竞技游戏游艺赛事活动"。在加强组织协调和监督管理、做好知识产权保护和对青少年引导的前提下，以企业为主体，举办全国性或国际性电子竞技游戏游艺赛事活动。《关于印发促进消费带动转型升级行动方案的通知》明确指出"企业是主体，组织国内或国际电子竞技游戏和娱乐活动"，而有关部门特别发布了一份文件，提出支持创建区域、国家甚至国际电子竞技游戏体育比赛。国家体育总局等政府机构也开始承认电子竞技的地位，并随之举行众多赛事比赛，大量的电子竞技职业选手、赛事直播平台开始涌现，国内电子竞技也日趋专业化和市场化。

2.《普通高等学校高等职业教育（专科）专业目录》

电子竞技运动已经被纳入教育部公布的《普通高等学校高等职业教育（专科）专业目录》，全国多家高校已在 2017 年秋季正式招收首批电竞专业（即电子竞技运动与管理专业）新生。

以某院校的专业划分为例，目前该院校的电竞专业大致分为六个可从事职业方向。第一个是电竞技术类方向，数据分析师、电竞教练等；第二个是裁判类方向，电竞裁判；第三个是赛事活动类方向，赛事组织、管理、运营等；第四个是体育医疗类方向，电竞康复、理疗、心理咨询等；第五个是视频类方向，游戏视频制作、节目编导策划等；最后一类则是电竞金融方向，电竞投资等。这些专业的规划大致涉及电竞赛事产业链的每个环节，如能形成完整的人才培养链条，对电竞产业的发展是大有裨益的。电竞专业作为高校专业，与其他的普通高校专业并无本质上的不同，依旧要学习基础的学科知识，提升自身素养。

3.《全国电子竞技竞赛管理办法（试行）》

2006 年 11 月 30 日，国家体育总局发布了《全国电子竞技竞赛管理办法》，共六章，这里截取第一章的部分内容。

第一条　为规范全国电子竞技竞赛工作，确保各类电子竞技竞赛的顺利进行，促进我国电子竞技运动的健康、有序发展，根据《中华人民共和国体育法》《全国体育竞赛管理办法》等法律法规，制定本办法。

第二条　本办法适用于在中华人民共和国境内从事电子竞技竞赛的单位和个人。

第三条　中华全国体育总会秘书处（以下简称全国体总秘书处）负责全国电子竞技运动训练、竞赛管理及推广、普及等工作，实施电子竞技比赛的具体管理，实行统一指导和监督。

第四条　举办电子竞技比赛实行审批制度：

（一）凡在我国境内举办的国际性电子竞技比赛，以及有外籍运动员或运动队参加的比赛，必须经由比赛所在地省级体育主管部门向全国体总秘书处提出申请，经国家体育总局审核批准后方可举行；

（二）举办全国性（含港澳台地区运动员参赛的）、跨省级行政区域的电子竞技比赛，必须经由比赛所在地省级体育主管部门向全国体总秘书处提出申请，经国家体育总局审核批准后方可举行；

（三）举办地方性电子竞技比赛，依照当地体育竞赛管理办法和相关规定执行。

由国家体育总局体育信息中心主办的中国 Dota2 职业联赛在 2016 年 5 月 18 日开幕，基础奖金和奖金池分别为 20 万美元和 100 万美元。在 Dota2 职业联赛发布会上，国家体育总局体育信息中心电子竞技部宣布引入运动员注册制度（包括注册信息管理和赛事积分系统），以此规范国内电子竞技比赛和保持良好的比赛氛围。

其实这并不是电子竞技运动员第一次被纳入注册运动员的管理中，早在 2008 年 10 月 17 日，由国家体育总局信息中心下发的文件中，就明确提到全国电子竞技运动员指从事电子竞技项目和参加国家体育总局、中华全国体育总会及全国各级体育主管部门批准举办的国际性、全国性、区域性电子竞技比赛的单位和个人，中华全国体育总会秘书处负责其管理。

该文件的下发确实引发了一时震动，但也引起了一些误会，人们将"电子竞技运动员"与我国"运动员技术等级"混淆,而后相关部门不得不进行官方声明:参与赛事的选手可以申请注册为中国电子竞技运动员,但国家目前暂无电子竞技项目运动员技术等级制度。[①]

4.《上海市电子竞技运动员注册管理办法(试行)》

随着国内电子竞技产业规模的不断扩大,一方面需要对电子竞技运动员做出更加规范和职业化的管理,另一方面对电子竞技运动员的合法资格的认可也非常重要。通过运动员注册,管理系统可以准确地掌握基础数据,从而对电子竞技项目的现状与发展进行系统的分析,并将之作为实施决策的基本依据。具体来讲就是加强全国电子竞技运动员管理,促进运动人才资源合理配置,推动中国电子竞技运动的健康发展。

电子竞技产业已成为一个规模超过了千亿元的巨大产业链,在这样的情况下,政府机构的介入管理是必然的。就目前而言,电子竞技运动员,特别是年轻的电子竞技练习生,与所属俱乐部之间的权益关系依然仅仅是依靠合同进行经济上的绑定,而缺乏政策法规上的约束,这也比较容易产生运动员和俱乐部为了确保最大利益而进行信息上的欺瞒与暗箱操作。一旦电子竞技运动员的归属权有了明确的认定依据之后,相关的电子竞技运动员保障协议也可以通过上级系统进行整理和颁布,而这些都可成为俱乐部和运动员争取权益的法律法规依据。

2018年,上海电子竞技运动协会正式发布了《上海市电子竞技运动员注册管理办法(试行)》(以下简称《试行办法》),响应其在2017年提出的建设全球电竞之都的目标。这是国家对电子竞技政策转变的风向标,电子竞技运动员也将会获得真正的认可,以一个更为官方和明面化的身份逐渐向传统体育运动员靠拢,真正成为国家记录在册的运动员。

电子竞技运动员将按电子竞技项目注册,采取俱乐部集体申报注册。首批开发的注册项目包括《英雄联盟》《DOTA2》《炉石传说》《魔兽争霸3》《FIFA Online》,并且注册运动员也将获颁上海电子竞技运动协会运动员证书、享受多项权益。在资格认定之后,运动员的归属权、管理权、培养责任与职业保障可以通过政策确定下来。客观来说,《试行办法》在上海先行发布是非常合适的,上海几乎集中了全国80%的电子竞技俱乐部与将近一半的正规大型电子竞技赛事,各个电子竞技项目的参赛运动员甚至是青训运动员的大数据能

---

① 从运动员技术等级综合查询系统处确认,目前电子竞技仍未列入运动员技术等级中。

够——归档。据此，上海市政府能够从中获得第一手的前沿分析资料，如项目热度、选手储备量、热点流动趋向、比赛认可度等，从而映射出各个电子竞技项目的布局和开展情况，而政府也能够更好地制定相关政策，做好协调发展、招商引资等。

【 本章习题 】

1．LPL 与 KPL 率先开启的"主客场制度"会给电子竞技赛事带来什么改变？

2．列举几个电子竞技泛娱乐化的综艺节目，说一说这些节目的特点。

3．电子竞技发达国家的法律法规的制定给我们带来了怎样的启示？

4．为什么上海会最先实行电子竞技运动员注册制度？

附录 A 电子竞技场馆运营服务规范

1 范围

本文件规定了电子竞技场馆运营服务的基本要求、服务设备设施、服务环境、人员要求、服务内容、安全管理要求以及服务质量评价与改进。

本文件适用于开展永久性电子竞技场馆和因举办电子竞技比赛需要临时搭建的电子竞技场馆的运营服务。

2 规范性引用文件

下列文件对于本文件的应用是必不可少的。凡是注日期的引用文件，仅注日期的版本适用于本文件。

凡是不注日期的引用文件，其最新版本（包括所有的修改单）适用于本文件。

GB/T 2893.1 图形符号 安全色和安全标志 第 1 部分 工作场所和公共区域中安全标志的设计原则

GB 2894 安全标志及其使用导则

GB 9664 文化娱乐场所卫生标准

GB/T 10001.1 公共信息图形符号 第 1 部分：通用符号

GB 50034 建筑照明设计标准

3 术语、定义和缩略语

3.1 术语和定义

下列术语和定义适用本文件。

3.1.1

电子竞技场馆 Electronic Sports Arena

以提供电子竞技训练、举办电子竞技比赛及相关活动，且提供赛事及活动的直播、转播以及观赛等服务为核心的营业场所。

注：该场所可配套提供上网休闲娱乐服务。

3.1.2

临时性电子竞技场馆 Temporary Electronic Sports Arena

临时搭建或改造并用于电子竞技比赛活动的场所。

3.2 缩略语

LED 发光二极管（Light Emitting Diode）

OB 观察者（Observer）

POS 销售终端（Point of Sale）

VR 虚拟现实（Virtual Reality）

3D 三维（Three Dimensional）

Cosplay 角色扮演（Costume Play）

4 基本要求

电子竞技场馆运营方在进行运营服务的过程中，应满足如下基本要求：

a）按国家有关规定在文化、工商、公安、消防等部门办理了相关的注册、登记、审核手续；

b）建立优质高效、统一规范的运营服务模式；

c）制定日常工作管理、各类专项业务工作管理制度；

d）加强各类服务信息的公开；

e）根据实际情况不断创新服务和管理模式，提升服务质量。

5 服务设备设施

5.1 信息展示和咨询设备设施

为提供良好的信息展示和咨询服务，电子竞技场馆运营方应遵守如下设施配置要求：

a）安装 LED 显示屏、易拉宝、海报、台卡等，及时提供包括商品促销、赛事宣传、活动信息、场馆通知等相关信息服务；

b）设立服务前台，前台上应摆放宣传册、传单等便携材料；

c）服务前台配置电话，提供咨询、预约、投诉服务；

d）前台上所摆放的便携材料使用规范的文字，并参照 GB/T 20501.5 的相关规定进行设计，且注意及时更新。

5.2 前台服务设备设施

前台服务区应设置如下设施：

a）电子显示屏：提供包括收费标准、新品推介及促销活动等；

b）收银机：提供面向服务人员和顾客双显示屏，收费透明，可支持扫码支付；

c）POS 刷卡机：提供银行卡刷卡支付服务；

d）文具：提供笔及便签纸等。

5.3 休闲餐饮服务设备设施

电子竞技场馆运营方为顾客在场馆休闲及等候提供良好的环境，应设置如下设施：

a）吧台：操作台、水池和水吧等相关设备设施；

b）厨房：操作台、水池、净水设备、制冰机、开水机、冷藏柜及蛋糕柜等相关设备设施；

c）桌椅及沙发，方便顾客等候和享用餐饮；

d）书报架，提供书刊及报纸的阅览服务；

e）饮水机，提供清洁卫生的饮用水服务；

f）无线网络，提供免费上网服务。

5.4 上网娱乐服务设备设施

电子竞技场馆应 7×24 小时提供稳定持续的电力，用电量 500kV，带宽应高于 30M；同时，为满足顾客个性化的上网需求提供不同的空间，除公共上网区外，其他区域可有选择地建设，设置如下设施：

a）公共上网区：应设置电脑、鼠标、键盘及电子竞技桌椅等；

b）包房：

1）双人包厢：应配有 2 台电脑设备，可最多容纳 2 人使用；

2）五人包房：应配有 5 台电脑设备，还可设置供人休息和观战的沙发，可容纳 5 人左右使用；

3）六人包房：应配有 6 台电脑设备，还可设置供人休息和观战的沙发，可容纳 6 人左右使用；

4）十人包房：应配有 10 台电脑设备，还可设置供人休息和观战的沙发，可容纳 10 人左右使用；

5）豪华包房：应配有至少 6 台电脑设备，可设置供人休息和观战的沙发、1 台液晶电视以及桌游、迷你歌咏亭、VR 游戏及娃娃机等，可容纳至少 10 人使用。

5.5 比赛服务设备设施

具备举办电子竞技比赛能力的场馆应设置比赛区，满足 2500～5000amps 的电力需求，并配备备用电力；电子竞技比赛时，选手使用的带宽应独立设置，至少为 30M 专线网络，比赛区的服务设备设施要求包括但不限于：

a）选手对战区：应以两队相对或并排的比赛桌椅形式呈现，每队不少于 5 台比赛设备，两队对战桌外立面宜设置 2 块选手屏；

b）观赛大屏：应至少设置 1 块观赛主屏和若干辅屏，用于显示比赛实况、赛事信息、战绩、选手、主播等文字或影像内容；

c）灯光音响摄影区：应可俯视或直观全场；

d）观众席：应区分观众座席、嘉宾座席、媒体座席以及工作人员座席等，并设置活动座椅和固定座椅，席位数根据场馆的可容纳人数来设置；

e）主播间，应具备赛事直播的功能，具体包括但不限于：

1）应至少配置 2 台比赛电脑、远红外高清摄像头、监听耳塞、麦克风、专业摄影棚灯罩、摄影机和面光灯等设备；

2）可设置玻璃墙，具备可视且隔音的效果。

f）导播室：应具备赛事直转播所需的设备设施，包括：4K 讯道摄像机、游机、OB 导播间设备、光纤传输系统、通话系统、矩阵、导播切换系统、周边接口视、音频、网络设备、在线图文包装及慢动作设备和调色系统等；

g）化妆间：配置立式镜子、化妆台等相关设备设施；

h）新闻媒体区：媒体人员进行新闻收集、新闻编辑、网页宣传、媒体专访的场所，应配置电脑、桌椅、纸及笔等；

i）VIP 休息室：应配置沙发、桌椅及 LED 液晶电视；

j）选手训练室：应配置不少于 5 台赛事指定的训练用电脑、1 台液晶电视及 1 块白板；

k）医务室：应配置体检设备、急救设备及相关常用药物。

注：比赛服务的设备设施同时适用于永久性电竞场馆和临时性电竞场馆，a）～f）为比赛区必选项，g）～k）为比赛区可选项。

5.6 互动体验服务设备设施

具有充足空间的场馆可设置互动体验区，互动体验区的服务设备设施要求包括但不限于：

a）游戏游艺区：配置主机电竞、移动电竞等设备，宜包括街机、娃娃机、桌游、迷你歌咏亭、飞镖、台球、射箭以及保龄球等游戏游艺项目设施；

b）VR 体验区：宜包括体感电竞、VR 电竞及 3D 观影等体验项目设施；

c）现场活动区：宜提供 cosplay 展示，拍照等服务设备设施；

d）周边展示区：宜提供招商展示、周边产品以及衍生品展示和交易等服务设备设施。

5.7 运营管理设备设施

5.7.1 办公室：应配置办公桌椅、电脑、电话、纸、笔、打印机以及复印机等，可作为场馆管理、赛事控制及场地服务的场所。

5.7.2 会议室：应配置会议长桌、沙发、液晶电视以及白板等，可作为会议商讨、合作洽谈的场所。

5.7.3 设备间：宜包括灯光控制、消防控制以及变配电室等。

5.7.4 库房：宜用于存放设备器材等。

5.8 公共卫生间

5.8.1 应设置公共卫生间，并及时维护清洁，保证其环境卫生。

5.8.2 临时性电子竞技场馆应充分利用搭建场所内的公共设施。

5.9 公共标识设置

场馆应提供风格统一、便于识别、布局连续的引导性、警示性以及告知性等标识，为顾客提供服务引导和提示。公共标识的设置应符合 GB/T 2893.1、GB 2894 以及 GB/T 10001.1 的相关规定。

6 服务环境

6.1 应随时保持场馆内外环境整洁，场馆卫生应符合 GB 9664 中的相关要求。

6.2 场馆内公共区域应张贴醒目的禁烟标志。

6.3 场馆内应具备舒适、清晰、节能、安全的光环境，并符合 GB 50034 中的相关要求，灯光布置应满足防眩光和控制干扰光的需要，配备应急照明设施。

7 人员要求

7.1 岗位要求

7.1.1 应对各服务岗位制定服务规范及明确的岗位职责和服务内容。

7.1.2 服务人员应掌握电子竞技项目相关岗位所需的专业知识和职业技能，定期参加国家、行业的相关培训，在条件具备的情况下，按国家相关规定持证上岗。

7.1.3 应建立上岗培训制度。

7.2 人员素质

7.2.1 服务人员应遵守职业道德和岗位规范，礼貌待人，维护顾客的合法权利。

7.2.2 服务人员应熟练掌握本岗位有关应急安全处理方法。

7.2.3 服务人员应身体健康，持有效的健康体检证明方可上岗服务。

7.2.4 服务人员应使用普通话，吐字清晰。

7.3 日常工作管理

7.3.1 建立人员考勤管理制度。

7.3.2 上班时间不做与业务工作无关的事情，不擅离岗位，不串岗闲谈，不妨碍他人工作。

7.3.3 服务人员应尊重顾客的道德信仰与风俗习惯，满足不同国家/民族顾客的合理需求。

7.3.4 服务人员在工作过程中应灵活应变，主动为老、弱、病、残、孕者提供特殊服务。

7.3.5 发现顾客遗失物品，应及时上报并妥善保存，以便归还失主。

7.4 礼仪管理

7.4.1 服务人员应注意自身仪表仪容，保持头发清洁、整齐，男性不留胡须，女性鼓励化淡妆。

7.4.2 服务人员应举止端庄，动作文明，站、走、坐要符合规范。

7.4.3 提倡微笑服务，使用礼貌用语。

7.4.4 在工作时间，服务人员应统一穿着工作制服，并确保制服的干净整洁。

7.4.5 在工作时间，服务人员应统一佩戴制发的胸卡。

8 服务内容

8.1 日常服务

8.1.1 信息服务

8.1.1.1 服务过程中，应利用电子显示屏等信息设备，向顾客及时通报和展示场所内服务项目、价格及促销活动等信息，做到服务项目清晰、明码标价。

8.1.1.2 公共广播语言应采用标准普通话。

8.1.1.3 服务信息应真实、准确、完整，具有时效性。

8.1.1.4 应具备功能明确的指示系统，如指路标、区域/包房标识牌，需设置于醒目位置，且准确规范。建立完善的顾客信息管理档案，保护顾客个人隐私，定期或不定期为顾客发送场馆活动通知和顾客回访。

8.1.1.5 上网娱乐消费或开卡服务前，应按相关部门规定请顾客出示身份证件，禁止向未成年人提供上网娱乐服务。

8.1.2 支付服务

8.1.2.1 应向顾客说明服务支付相关信息，主要包括：全部费用及明细、支付条件以及支付形式等。

8.1.2.2 应为顾客提供多种支付方式，当选用某种支付方式将产生额外费用时，应在支付前向顾客说明，并向顾客提供消费凭证。

8.1.3 餐饮服务

8.1.3.1 应根据场馆设施条件和场馆的规模及特点，对场馆内的餐饮设施和餐饮服务进行规划统筹。

8.1.3.2 对场馆内餐饮服务的人员、设备设施以及关键过程进行严格管理，并定期进行检查监督。

8.1.4 投诉处理

8.1.4.1 应按公平、公正、公开的原则建立完善的投诉处理制度。

8.1.4.2 应设立电话、电子邮件、网络评价等投诉方式，并有专人负责管理。

8.1.4.3 投诉处理应达到 24 小时内回复、10 天内反馈处理结果。对不满意处理结果的，应积极配合上级主管部门调查，协调处理。

8.1.4.4 建立投诉档案管理制，档案记录应真实、完整。

8.2 赛事服务

8.2.1 资质审核

对赛事主（承）办单位进行相关资质审核，其要求应包括但不限于：

a）审核赛事主（承）办单位资质、赛事基本情况以及所提供的游戏内容；

b）向赛事主（承）办单位介绍场馆情况并提供相关资料，包括但不限于：场馆设施介绍及技术参数、合同范本、场馆使用规定和场馆周边配套服务等；

c）根据场馆使用情况和赛事主（承）办单位需求协商安排赛事活动档期；

d）要求赛事主（承）办单位提供相关资料备案，并提交统一格式的租馆申请；

e）与赛事主（承）办单位签订规范格式的租馆合同。

8.2.2 赛事运营

赛事运营的相关要求包括但不限于：

a）应向赛事主（承）办单位介绍场馆服务项目、申请流程、申请时限及相关规定等，汇总、落实赛事主（承）办单位的服务需求；

b）应收集并分析赛事主（承）办单位制订的市场推广方案、观众组织方案和现场活动方案，对项目进行风险评估；

c）应要求赛事主（承）办单位对赛事过程中可能造成的人身伤害、财产损失和其他风险进行充分、足额的保险，并提供保险合同备案；

d）应按照规范程序与赛事主（承）办单位办理场馆租用交接手续；

e）应在赛事期间对服务设施、服务人员、服务质量和服务安全进行检查监督；

f）应建立项目档案管理制度，内容包括但不限于：赛事基本情况、备案文件、合同及服务订单、付款凭证和实施方案等；

g）宜在场馆内明显位置设置现场服务中心，受理各类问询和投诉。

8.2.3 场地搭建

电子竞技赛事所用场地搭建的要求应包括但不限于：

a）审核赛事主（承）办单位的搭建施工资质并签订安全责任书；

b）根据国家相关规定，审核赛事主（承）办单位的公共设施设计方案；

c）根据场馆施工搭建管理规定，申领统一施工证件，并对施工人员和施工作业现场进行规范管理；

d）根据审核通过的设计方案对现场公共设施的结构、材料、高度等进行检查。

e）临时性电子竞技场馆应根据临时性建筑物使用荷载的大小、高度等情况编制专项施工方案。

f）在传统体育馆、商业综合体以及展会等场所搭建的临时性电子竞技场馆，应考虑场馆流线和布局，举办比赛使得电子竞技相关人群与原场馆的特定人群分开，设置有效的安保、分流以及消防等控制边界。

g）搭建临时性电子竞技场馆的场所入口应设置集中的观众等候区，并应有单独的出入口通道通往各个公共空间。

8.2.4 广告服务

配合赛事主（承）办单位提供场馆宣传资源的利用，应根据国家相关法律法规对场馆内发布的广告内容进行审核。场馆宣传资源包括但不限于：

a）场馆外宜布置门头广告、易拉宝等；

b）场馆入口处宜搭建赛事活动背景板、签到台，签到台上摆放签到簿、笔及待发放的工作人员、选手、嘉宾的入场证等；

c）场馆内宜布置海报、台卡、隔断、立柱、立式模型等，LED 显示屏播放宣传广告；

d）比赛区大屏宜播放视频广告，选手屏宜展示平面广告；

e）比赛区内根据赛事需要，调整观众席座椅。

8.2.5 视频直播转播

针对具有直播需求的赛事方，可提供视频直播设备及专业人员服务。在举办电子竞技赛事时，供直播推流的带宽应独立设置，且至少为100M，具体要求可包括但不限于：

a）明确现场各岗位人员职责，至少提前一天进行前期测试检查，对直播场地环境、现场电源情况、灯光、音响和机位情况进行检查，并针对网络、音频、视频及直播等进行测试；

b）视频直播开始前，应保证各岗位人员提前就位，并进行开播测试；

c）直播开始前，应提前发起正式直播，实时监控直播状态，监测直播效果，记录直播观看量；

d）直播结束后，可提供带有字幕、并经过图文包装和剪辑的转播服务。

8.2.6 其他服务

8.2.6.1 可根据场馆设施条件和赛事主（承）办单位需求提供其他服务，包括但不限于商务中心、医疗急救、物品寄存以及信息咨询等。

8.2.6.2 协助赛事方进行接待引导、维持秩序工作及提供其他相关服务，以保障比赛活动的顺利进行。

8.2.6.3 应对各项服务的服务范围、服务流程、服务质量及收费标准进行规范监督。

9 安全管理要求

9.1 安全与应急管理机构

电子竞技场馆应建立安全与应急管理机构，其要求应包括但不限于：

a）建立安全管理制度，组织落实各项安全措施，进行安全检查、监督和培训；

b）制定安全检查制度，对所有涉及安全的规章制度和服务项目按规定进行周期检查和抽查，并做好相应记录；

c）制定应急管理制度，履行值守应急、信息汇总和综合协调职责，并负责现场的应急处置工作以及定期开展应急管理培训工作。

9.2 设备设施管理

设备设施管理的要求应包括但不限于：

a）根据设施、设备的执行标准制定有关的操作运行规范和安全检查规范，建立设施、设备的管理档案；

b）对场所内的设备采取有效的安全防护措施，并对从业人员进行专门的安全生产教育和培训；

c）建立设施、设备的使用、管理和维护制度，包括安全分析、安全评估和安全控制；

d）在有较大危险因素的有关设施、设备上，设置明显的安全警示标志；

e）对安全设备进行经常性维护、保养，并定期检测，保证正常运转，维护、保养以及检测应当做好记录。

9.3　备案管理

电子竞技场馆所提供的竞技游戏内容应经过相关主管部门的备案，备案信息包括但不限于：

a）竞技场馆运营企业基本情况，应包括但不限于：

1）企业名称；

2）法定代表人；

3）联系方式。

b）竞技游戏产品信息，应包括但不限于：

1）游戏名称；

2）游戏类型。

c）经营信息，应包括但不限于：

1）场馆地址；

2）直营或加盟；

3）经营者姓名；

4）联系方式。

9.4　游戏内容管理

电子竞技场馆所提供游戏的管理要求包括但不限于：

a）应全部具有正版授权；

b）应建立游戏内容管理制度，保障在场所内使用的游戏内容符合《娱乐场所管理条例》第十三条、《互联网文化管理暂行规定》第十四条的要求；

c）场馆内所使用的电子竞技平台不得与境外的平台直接连接；

d）场馆运营企业和经营主体以及顾客不得利用电子竞技场馆制作、下载、复制、传播或者以其他方式使用《互联网上网服务营业场所管理条例》第十四条规定的禁止内容；

e）应采用云端管理的形式管理竞技游戏内容，对于出现的违规内容应及时下架。

9.5 治安管理

治安管理要求包括但不限于：

a）电子竞技场馆应安装闭路电视监控设备，监控设备应当符合视频安防监控系统相关国家或行业标准要求，并保证监控录像记录存储 30 天，未经场馆安全管理机构允许不得下载或上传监控录像记录；

b）电子竞技场馆应设置闭路电视监控设备监控室，由专人负责值守，保障设备全天候24 小时正常运行，不得中断、删改或者挪作他用；

c）电子竞技场馆应配备专职安全检查人员，负责安全巡查，维护场所秩序；

d）电子竞技场馆应当在营业场所大厅、包厢、包间内的显著位置设置含有禁毒、禁赌以及禁止卖淫嫖娼等内容的警示标志，标志应当注明公安机关或相关行政执法部门的举报电话；

e）电子竞技场馆禁止设置具有赌博功能的游戏设施设备，不得从事带有赌博性质的游戏机经营活动；

f）电子竞技场馆举行大型赛事，宜配备金属探测器等安全检查设备，安全检查设备应符合国家、行业或团体标准要求，宜设置在电子竞技场馆入口处，检查过程应严格保护个人隐私。

9.6　安全生产管理

安全生产管理的要求应包括但不限于：

a）建立安全生产责任制；

b）制定安全生产规章制度和操作规程；

c）设置疏散通道、疏散标志；

d）建立生产安全事故隐患排查治理制度，强化赛前安全事故排查治理，并记录事故隐患排查治理情况和日常检查情况；

e）制订安全生产教育和培训计划，建立安全生产教育和培训档案；

f）制订灭火和应急疏散预案、生产安全事故应急救援预案，定期组织演练，并记录相关情况；

g）建立消防安全管理制度，并符合国家有关消防管理的规定和相应的国家标准；

h）保持消防通道畅通，设置消防安全标志，并在有可能发生火灾隐患附近配置相适应的消防器材，定期对消防设施器材进行维护、保养及检测，并记录相关情况，保证其安全、可用；

i）开展全员消防教育，定期组织所属员工进行消防培训和应急演练，根据需要建立自身的专业消防队，或由职工组成义务消防队。

9.7　食品安全管理

食品安全管理的要求包括但不限于：

a）场馆内销售的包装食品应获得食品生产许可证，且销售包装上印有食品质量安全标志；

b）餐饮服务应符合国家食品卫生等相关法律法规及管理制度的规定，并达到相关国家标准和行业标准的要求。

9.8 突发事件管理

突发事件管理的要求包括但不限于：

a）应急预案

1）电子竞技场馆应制订应对各类突发事件的应急预案，并与当地相关部门和政府的预案紧密衔接；

2）有承担大型赛事的电子竞技场馆应针对赛事特点制订相应的突发事件应急预案；

3）应急预案应规定突发事件应急管理工作的组织指挥体系与职责；

4）突发事件的预防与预警机制、处置程序、应急保障措施以及事后恢复与重建措施等内容；

5）应急预案应根据实际情况变化不断补充和完善；

6）应针对各种可能发生的突发事件，建立风险监测和预警系统，做到早发现、早报告、早处置；

7）应急管理机构应结合实际，有计划、有重点地进行相关预案的培训及演练。

b）信息报告

在突发事件发生后，现场主管应及时向应急管理机构及相关主管部门报告。

c）先期处置

应急管理机构在收到突发事件报告后，应立即启动相关应急预案，及时、有效地进行处置，控制事态，积极救助，全力保障顾客的生命财产安全。如涉及人员受伤，应保证尽快得到紧急救助。

d）应急响应

1）对需要各场所、部门共同参与处置的突发事件，各场所、部门的主管领导应积极配合，在人力、物力、财力、交通运输、医疗卫生及通信等方面予以保障；

2）在相关危险因素消除后，应按有关规定做好善后处置，并对事件的起因、性质、影响、责任、经验教训和恢复重建等问题进行调查与评估。

10　服务质量评价与改进

10.1　电子竞技场馆应建立服务评价管理机制，制定质量管理目标，并建立监督检查制度，设立质量管理部门或质量管理岗位，公布服务电话，受理投诉和咨询，定期收集来自内部和外部的评价信息并加以分析。

10.2　电子竞技场馆可根据不同评价目标，从安全管理、设备设施、服务内容和服务人员要求等方面选择评价要素，设计评价指标体系，实施服务质量评价活动。

10.3　电子竞技场馆运营服务评价信息的采集方式包括但不限于纸质问卷、电子问卷、电话、微信、邮件、短信或口头沟通等。

10.4　电子竞技场馆应分析服务质量评价结果，制定整改措施，持续改进，不断提高服务质量。